孩子
从父母的婚姻中
学到什么

What Children Learn from Their Parents' Marriage

[美] 朱迪斯·P. 西格尔◎著

陆新爱◎译

北京联合出版公司
Beijing United Publishing Co.,Ltd.

图书在版编目（CIP）数据

孩子从父母的婚姻中学到什么 ／（美）朱迪斯·P.
西格尔著；陆新爱译 . — 北京 ：北京联合出版公司，
2022.3
　　ISBN 978-7-5596-5828-9

　　Ⅰ . ①孩… Ⅱ . ①朱… ②陆… Ⅲ . ①儿童教育－家
庭教育 Ⅳ . ① G782

中国版本图书馆 CIP 数据核字 (2022) 第 011529 号

孩子从父母的婚姻中学到什么

著　　者：[美] 朱迪斯·P. 西格尔
译　　者：陆新爱
出 品 人：赵红仕
选题策划：北京天略图书有限公司
责任编辑：夏应鹏
特约编辑：蝉时雨
责任校对：高锦鑫
装帧设计：刘晓红

北京联合出版公司出版
（北京市西城区德外大街 83 号楼 9 层　　100088）
北京联合天畅文化传播公司发行
水印书香（唐山）印刷有限公司印刷　　新华书店经销
字数 151 千字　　889 毫米 ×1194 毫米　1/16　　12.5 印张
2022 年 3 月第 1 版　　2022 年 3 月第 1 次印刷
ISBN 978-7-5596-5828-9
定价：42.00 元

本书中的临床案例，是根据我多年的执业经历综合而成的。为了保护隐私，所有的姓名和细节都做了更改。

献给我的母亲莉莲和父亲格里，我从他们身上了解了婚姻。
献给我的女儿米切尔和詹娜，她们是我一生的挚爱。

引言
你的婚姻——你的孩子的亲密关系蓝图

两年前，一位同事问我是否有兴趣参加一个为父母们举办的社区活动。参加本次讲座的将包括一些当地的儿科医生、儿童心理学家、教育工作者和其他专家，讨论的主题是"孩子在二十一世纪需要什么"。我被邀请谈谈我们可以预见的家庭里的变化，尤其是孩子们需要从父母的婚姻中得到些什么。

起初，我有些吃惊。在过去的15年里，我的治疗实践、演讲和出版物几乎完全是针对伴侣治疗的，而且，在一些不易察觉但很重要的方面，我把视线从孩子们身上移开了。这是一个令人震惊的认识，因为我也是两个年幼孩子的妈妈，也在艰难地应对他们出生后家里发生的所有变化。奇怪的是，我，一个与问题儿童家庭打交道十多年的人，却没有关注这个问题。父母的婚姻当然会影响到孩子。我当然可以在社区讲座上谈谈这个主题。

那天晚上，几位父母在我的演讲结束后停下来和我交谈。他们表现出的兴趣和由衷的感谢让我非常欣慰。但是，两周后发生的另一件事对我的影响更大。彼得和凯瑟琳打电话预约，说在听了我的演讲之后，他们决定就他们的婚姻问题向我寻求帮助。他们带着他们八个月大的漂亮女儿艾米一起来了。在他们把艾米介绍给我之后，凯瑟琳说："我们花了五年的时间看门诊和治疗不孕不育才生下了艾米。我现在44岁了，艾米是我们唯一的孩子。彼得和我都希望她能幸福，但我们总是吵架。即使现在，当我们开始喊叫时，她都会看着我们，而且如果我们继续吵下去，她就会开始大哭。为了她，请帮帮我们吧。"

在这本书的后面，我会谈到更多关于彼得、凯瑟琳和艾米的事情。事实上，这本书里提到了很多我在过去25年里认识和治疗过的家庭。我的第一份专业工作是在多伦多儿童医院（Toronto's Hospital for Sick Children）担任社工，在那里，我为那些身体出现了非医学原因引起的症状的儿童家庭工作。在这个岗位上，我和几百位父母一起工作过，他们都深爱着自己的孩子，但都不知道他们婚姻中的紧张和问题给他们的孩子造成了如此具有毁灭性的影响。这是我第一次接触到孩子对那些父母错误地认为属于"私"事或超出孩子意识的问题所做出的反应有多么严重。多年来与这些家庭打交道的经验，帮助我意识到了婚姻在塑造孩子的个性和帮助孩子获得幸福等方面的力量。事实上，我对婚姻越来越有兴趣，并选择以此作为我的博士学位的研究领域。

虽然我对婚姻治疗的兴趣最初基于我对婚姻在为孩子们构建一个健康的环境方面的重要性的重视，然而，我发现了另一个令人惊讶的事实：尽管我的成年人来访者没有提到不幸福的家庭生活或童年时期的一些征兆，但那些妨碍他们获得幸福的问题总是不可避免地与他们父母的婚姻有关。

在帮助夫妻理解他们对彼此的预期和反应的过程中，我很快就意识到父母的婚姻对孩子未来的两性关系有多么大的影响。几乎所有接受过我的婚姻治疗咨询的成年人都深受其父母关系的影响。童年时期"习得"的关于亲密关系的信念，造成了他们对亲密关系的恐惧、防御姿态和不利于亲密关系的预期。甚至婚姻伴侣的选择似乎也是无意识的，是为了父母婚姻的某些方面重现。

我相当惊讶地发现，在我看来如此显而易见的事情却在专业文献中几乎没有被提及过。与个人打交道的治疗师，会强调孩子们与其父母中的一方关系的影响，但却完全忽略了父母之间关系的重要性。家庭治疗师关注的是当父母的婚姻出现冲突或问题时，孩子们可能出现的问题，但忽视了童年时期观察到的两性关系对孩子成年后的亲密关系的影响程度。

本书的目的，就是让人们对这种相互作用有更清楚的认识。在我与那些有问题孩子的家庭以及夫妻不和的家庭打交道的25年临床经验中，我逐渐认识到父母的婚姻对孩子的幸福和情感健康至关重要。即使人们几乎不记得这些爱的"课程"，但它们是有巨大影响的。孩子观察到的婚姻关系像一个未来所有的亲密关系都将建于之上的蓝图。由于这个原因，对父母们来说，后退一步并审视他们为自己的孩子制定的"课程"计划是很重要的。父母们应该问问自己，他们的孩子可能会注意到什么，并问问自己是否正在帮助他们的孩子创造可能的最好未来。

我相信大多数父母都希望自己的孩子能够得到最好的。在这本书的写作过程中，我不仅想到了我这些年来打过交道的来访者，也想到了我自己的两个孩子。像我认识的其他父母一样，我对我的两个孩子也有一个愿望清单。我希望他们长大后知道自己有多么特别，并且永远为自己感到骄傲。我希望他们能与人和睦相处，懂得如何在必要的时候妥协，但我也希望他们能知道什么时候以及如何去争取对他们来说真正重要的东西。最重要的是，我希望他们一生都有爱相伴，他们选择的伴侣能像我一样，用同样的热情支持他们、关心他们、希望他们能够获得幸福。

那些希望自己的孩子同样得到这些美好事物的父母，都是积极主动的父母。他们会和孩子谈论学校里或者同龄人之间发生的事情。他们会考虑管教和孩子的自信，以及他们能做的所有一切，来帮助孩子健康成长。然而，尽管大多数父母都在他们与每个孩子的关系上投入了很多，许多人却不知道家庭的情感氛围是如何对孩子产生影响的。通常，婚姻中都会有一些问题、紧张和一些因被回避或无限期推迟而未解决的问题。一旦父母们了解这些问题会怎样影响他们的孩子，我相信他们会获得面对问题并改善他们之间关系的力量。其结果有两个好处——更幸福的家庭生活，以及这一代孩子将能够学到爱的积极经验的希望。

两年前，当我准备那次讲座的演讲时，我意识到，虽然每个人可能都同意美好的婚姻能够为孩子提供坚实的基础，但大多数父母在如何创造幸福的家庭环境的具体组成部分上都需要帮助。在后面的章节中，我确认并讨论了能为孩子提供关键信息的婚姻的七个关键要素。这些要素是：婚姻的优先地位、相互支持、尊重、信任、协商、冲突的解决和爱。在确定这些要素时，我是以理论以及儿童发展方面的最新研究和多年的儿童和夫妻临床实践为指导的。所有这些想法都被转化为人与人之间日常发生的事情。在第 1 章，我会解释孩子们是如何从父母的婚姻中学习的。对心理学感兴趣的父母们可能会觉得这个理论很有趣，也很有帮助，但我的写作方式也能让那些急于阅读每个要素如何对孩子们产生影响的父母得偿所愿。

在本书中，我希望读者考虑两个方面。一方面是各个年龄段的孩子在"此时此地"对家庭环境中的优点和问题做出反应的方式。另一方面是在童年时期可能不会立即显现出来，但是在成年后的亲密关系中会变得很明显的一些后果。这包括伴侣的选择以及他们在自己成年人的关系中可能遇到的各种问题。

我希望你能更多了解你的婚姻在如何影响你的孩子。你们中的很多人会从我的来访者的案例中"看到"自己的影子。有些章节会确认你自己婚姻的某些方面进展顺利，你可能感觉更好，因为你意识到自己正在送给孩子的礼物。其他方面可能会让你从一个新的角度来看待自身的情形，并质疑自己和伴侣之间正在发生的事情。我在每一章的末尾还列出了一个问题清单，帮助你关注自己的情形，并思考你的孩子可能会从中注意到的具体的事情。

在此，我想跟大家分享我职业发展的最新情形，因为我不仅仅是一名心理治疗师，也是一名心理治疗师行业的教育者和培训者。当我讲授人类发展课程时，一些年纪较大的学生的反应让我很震惊，他们是正在养育孩子或者孩子已经长大的父母。他们通常会摇着头，并怀着深深的自责跟我说，他们希望在他们的孩子更小的时候就能了解这些知识。当我讲授婚姻治疗课程时，那些已经订婚或离婚的学生告诉我，批判性地审视自己的两性关系并为他们知道是自己做错的事情承担责任是多么痛苦。在我的课堂里，我可以与这些人交谈，并设法消除这种"知道"带来的责备和自责。我告诉他们，在人生中，我们在任何时刻都在尽自己所能做到最好。从一个新角度理解两性关系的意义，不是责备自己，而是给予我们方向和启发，让事情变得更好。

我完全知道这本书既引人入胜又让人焦虑。当我告诉已经为人父母的朋友，我正在写一本关于孩子能够从他们父母的婚姻中学到什么的书时，他们既好奇又担心。我得到最多的回答通常是"那太可怕了"，紧随其后的是"等你写完了，我想读一读"。大多数人担心会造成无意间的伤害，并且可能不想太认真地审视他们自己的婚姻中那些难以面对的方面。即使是离异的父母也需要考虑他们与"前任"的关系，以及孩子会继续受到怎样的影响。这本书就是你的课堂。它不是为了让你感觉糟糕而写，而是为了给予你可能需要的知识和鼓励，来帮助你的孩子朝着你真正希望的方向去成长。因为我相信，我们自己的婚姻在很大程度上受到了自己父母婚姻的影响，所以我也提出了一些问题来激发人们这方面的觉察。我知道，这也是一个可怕的主张。在我培训婚姻和家庭治疗师时，我经常不得不帮助他们挑战自己无意识的信念和对来访者的反应。为了做到这一点，他们必须思考自己父母的婚姻关系，以及他们今天所持有的信念。我发现，尽管大多数人很容易看到别人生活中的问题，但是，审视自己生活中的问题却是一件痛苦而困难的事情。

为了充分理解你自己的婚姻的发展方式，认真思考一下你的父母的婚姻以及你在成长过程中不经意间吸取的教训可能会对你很有帮助。同样，如果你出现疑问或焦虑，我不能陪伴你并给予你安慰。我只希望你能记住，理解是走向改变的第一步。通过质疑你的信念和预期是否能帮助你创造你想要的生活，你将被赋予力量，去构想并朝着真正想要的婚姻关系去努力。这是一个过程的开始，它可以改变你的婚姻结局，并使我们所有人都能履行最伟大的责任——为我们的孩子创造一份积极的爱的遗产的机会。

目 录

第2章 确立婚姻的优先地位

"爸爸和我是彼此生命中最重要的人"

稳固的婚姻是一个家庭幸福的基础……建立稳固婚姻的一个极其重要的因素，是伴侣们在他们的生活中保持婚姻优先地位的能力……

第3章 教给孩子相互依赖的价值

"妈妈和我总是随时相互支持"

我们想要教给孩子们的最重要的一课，是他们不必孤独地过一生。理想情形下，他们与之结婚的人将是他们可以向其寻求支持的人……不过，对很多人来说，相互依赖是非常困难的……

第 4 章 灌输相互尊重的重要性
"和你的爸爸／妈妈结婚是我做过的最美好的事"

孩子们会非常清楚地意识到父母中每一方对各自和对方的尊重……当父母互相称赞或赞美时，他们传递的相互尊重的信息会被孩子完全吸收。当父母互相贬低对方时，会在孩子内心造成不安和冲突……

第 5 章 在言语和行动上保持信任
"婚姻中的伴侣要努力不让彼此失望"

尽管每一种成功的关系都需要建立信任，但信任是亲密关系中必不可少的因素……如果父母想让自己的孩子在未来相信并体验到他人的善意，那么他们就不应该忽视在婚姻中保持信任的重要性……

第6章 建设性地协商分歧

"有时我们会有分歧，但我们总是会坚持解决分歧"

在父母无意中教给孩子的所有经验教训中，也许具有最明显效果的就是父母如何处理他们的分歧。当父母有不同的方法或观点时，孩子们会敏锐地意识到父母之间存在的紧张。父母对待自己和彼此的方式会教给孩子们解决问题的基本方法和能力……

第7章 了解冲突的长期影响

"我永远不会忘记我们吵架时孩子脸上的表情"

每对夫妻都会有两人感到有强烈分歧的问题，而且也有看不到妥协的时候。当伴侣不能以一种公平、尊重的方式讨论和解决两人的分歧或卷入权力之争的时候，家庭中的每个人都会受到不利影响，这尤其会对你的孩子产生左右其未来的长期影响……

第8章 强调积极的方面

"一起欢笑、互相欣赏是我们婚姻的一部分"

婚姻中难免会出现问题，但让婚姻保持美好与活力是非常重要的，因为稳固婚姻的最大受益者就是你的孩子。强调积极的方面不仅会给你的婚姻带来好处，也会给你的孩子带来爱的积极教益……

第9章 建立更美好的婚姻

"尝试永远都不会晚"

你意识到了婚姻对孩子有多么大的影响，你可能会感觉要更加努力去解决这些问题。你会发现下面这些建议能帮助你开始做出想要的改变……

第*1*章

孩子如何从父母的婚姻中学习

"我想知道你长大后会记得什么"

有句老话说："孩子们会按照看到的去做，而不是按你告诉他们的去做。"我相信你以前听过这句话：如果你想让你的孩子多阅读，最好的方法就是你自己多阅读。当你想让孩子更有礼貌或者改善他对待他人的方式时，你必须首先考虑自己是如何对待他人的，以及你的孩子通过观察你的行为可以学到什么。孩子们会模仿并成为他们所观察到的人的样子。诚然，孩子确实会受到他与父母双方中每一方之间关系的影响，但他也会注意到父母之间的关系，并对之得出结论。事实上，父母之间的关系将成为他未来亲密关系的蓝图。

我正在看着你们

孩子们是父母婚姻的敏锐观察者。不管你能否意识到，孩子们都在关注你们婚姻关系中的大小细节。事实上，大多数孩子都能觉察到父母认为他们理解不了的许多"私密"交流——一个安慰的小手势，一个敌意的眼神。虽然你的孩子可能不会跟你谈论他们了解到了什么，但他们会得出婚姻中的人"在发生什么"的结论。这些结论将成为他们永久的信念和预期的一部分，并为他们长大后建立自己的婚姻关系做准备。

孩子们借助父母来了解这个世界。他们对自己周围的情感氛围高度敏感并有强烈的反应，并且很容易觉察到其中的亲密和紧张，即使没有直接涉及他们自身。孩子们想要快乐，当他们身处和平而安全的环境时，他们才会做得最好。为了避免受到惩罚或造成问题，孩子们会努力弄清楚规则——以及他们能偏离规则有多远。

但是，心理学家发现，孩子们不需要事事都从亲身体验中学习。他们通过观察在别人身上发生的事情，然后将"规则"应用到自己身上，会学到同样多的东西。心理学家阿尔弗雷德·班杜拉（Alfred Bandura）通过一个被称为"社会化学习"[1]的过程证明了这一点。班杜拉让两组孩子分别进入一个放有各种玩具的房间，其中包括一个在被击打时会摇摆的充气塑料"波波"娃娃。第一组孩子进入房间后会自由地玩所有的玩具，包括波波。第二组孩子在进入房间之前看了一盘录像带，录像中有个孩子开始和波波玩，然后遭到一个成年人严厉的训斥，并警告这个孩子不要再玩这个娃娃。看完这段录像后，这些孩子被带到同一个摆满玩具的房间。班杜拉发现，第二组孩子会自由地玩大部分玩具，但是没有一个孩子去碰波波！尽管没有人直接告诉他们不要碰波波，但是他们已经通过观看录像，看到了在其他人身上发生的事情，这让他们明白了选择别的玩具会更安全。

同样，你的孩子也是你的婚姻的敏锐观察者。他们会注意你

---

[1] Bandura, Albert, and Walters. *Social Learning and Personality Development.* New York: Holt Rinehart & Winston, 1963.——作者注

和你的伴侣在什么时候以及如何产生分歧，注意到你们如何对彼此做出回应，并以无数种方式形成对婚姻生活规则的印象。他们学到的一些事情与父母的角色有关，即那些定义一位爸爸或妈妈应该做什么的行为。你可能有一些愉快的回忆或经历——你的孩子在扮演一位妈妈，其表演足以获得艾美奖。然而，孩子们也能体会到家庭成员之间的情感氛围和幸福感。孩子们会观察你和你的伴侣如何互动以及如何一起处理各种情形。然后，他们会得出婚姻中的人如何对待彼此的结论，无论是好是坏。

如果莫妮卡听到她的父母在谈论买一辆新车，她就会知道婚姻中的成年人是如何共同做决定的。当他们能够平静地交谈、分享想法和不同的观点时，莫妮卡就会知道父母双方是彼此尊重的，表达不同的观点是可以的，也是安全的。如果莫妮卡的爸爸表现出好像妻子的想法很愚蠢，而且基本上是他自己做决定，莫妮卡就会对权力以及人们如何解决分歧了解到很多。她的妈妈和爸爸甚至可能没有察觉莫妮卡一直在听他们说话，而且可能会惊讶地发现，莫妮卡对他们作为一对夫妻的反应会为她自己对亲密关系的信念奠定基础。

你看到了什么？

你有没有为你的孩子的想法感到过惊奇？有时候，他们给出的解释会让我们觉得很好笑。有时候，他们的洞察力和直觉会让我们感到很惊讶。孩子们所留意到的、相信的和记住的，会随着他们的成长而变化。

莫妮卡对她父母婚姻的了解，部分取决于她的年龄，但也基于她对父母婚姻的早期观察所产生的预期。心理学家已经了解到，孩子们从很小的时候开始，就会创建一个心理路线图来帮助他们理解周围的世界。为了将新情形放到一个使其容易理解的背景中，以便更有效地处理信息，这样做是必要的。即使是成年人，我们也会用已知的知识来解释新事物。这种被称为"图式"①的底层结构有时候会改变，以吸收新的信息，但是我们大多数的解读和结论都反映了已经建立的信念体系。对儿童和成人的研究表明，人们会选择或专注于可以证实其信念的信息，而无视或极度轻视与其信念相悖的证据。

让·皮亚杰（Jean Piaget）的研究很好地说明了这一点。我记得看过一段精彩的录像，其中有一个实验，是给学龄前的孩子们看放在小桌子上的两个量杯。第一个量杯又高又细，盛满了水。每次让一个孩子看着把水从第一个量杯里倒进第二个量杯里，这个量杯矮而粗。当孩子们被问到"哪个量杯里的水更多"时，他们一致认为高的量杯里装的水更多。尽管孩子们看到同样多的水被反复从一个量杯倒入另一个量杯里，但他们解释说第一个量杯里的水位更高，因此装的水"更多"。孩子们已经形成了一种表明他们理解高度而不理解直径的图式。尽管有证据表明水量是完全一样的，但"更高意味着更多"的图式使他们得出了特定的结论。直径这个概念太复杂了，对于孩子来说很难理解。最终，孩子们会改变他们对尺寸的图式，但即便如此，他们的第一本能还是会预期用高度来衡量多少。原来的信念会在很多年里伴随着我们，并持续影响我们的思维。

但是，孩子们是如何了解情感关系的呢？虽然心理学家对孩

---

① 图式（scheme），一种心理结构，能帮助人们知觉、组织、获得和利用信息的认知结构，用来组织、描述和解释我们经验的概念网络和命题网络。认知心理学家认为，人们在认知过程中通过对同一类客体或活动的基本结构的信息进行抽象概括，在大脑中形成的框图便是图式。——编者注

子们如何从友谊和社会交往中学习对错有很多的了解，但是，关于孩子们如何理解家庭关系的研究却很少。我遇到的在这个领域为数不多的研究之一，是一个关于再婚家庭的项目。尽管这不是此项研究的主要目的，但通过与孩子们的交谈，心理学家安·伯恩斯坦（Ann Bernstein）注意到，不同年龄的孩子对"家庭"的定义是非常不同的。学龄前儿童是以自我为中心的，主要考虑的是哪些成年人照顾他们。学龄儿童更注重事实，他们会根据成长经历和居住安排来定义家庭。已经发展出抽象思维能力的青春期孩子，会使用更复杂的概念——比如互惠互利和亲子关系的本质——对家庭进行定义。孩子们慢慢会发展出多维度理解事物的能力。因此，莫妮卡的父母关于新车的讨论会让她产生不同的理解和反应，这取决于她是5岁还是15岁。当父母吵架时，年幼的孩子更容易自责；大一些的孩子能理解父母之间的关系并不涉及自己。父母婚姻的最终影响或图式可能包含了孩子所有成长阶段的元素。

这能有多准确？

孩子的图式是以观察到的关系为基础的，但在很大程度上是这个孩子建立的一种信念，可能会受到孩子对关系的解读和情绪的影响。图式由记忆组成，但远不止是它所拥有的记忆的总和。事实上，记忆被发现是极其不稳定的，而图式却是持久的。例如，心理学家研究了人们会多么经常在完全意识不到的情形下美化或改变对过去重大事件细节的记忆。在一项研究中，大学生被问及他们是如何得知"挑战者号"航天飞机发生爆炸的。几年后，当他们被问及同样的问题时，他们的回答发生了戏剧性的变化。尽管如此，所有人都发誓说他们最新的回答是正确的，并对他们之前的回答感到震惊。然而，当成年人被问及与他们的父母婚姻有关的不同问题，并且在四年后又收到同样的问卷时，他们的回答几乎是相同的。时间并没有改变他们对父母婚姻的评价。不像对单个事件的记忆，父母婚姻的图式是持久的，就像有些人说的那样，这几乎成为了我们身份认同的一部分。

但是，要改变我们传递给孩子们的婚姻蓝图永远不会太迟。即使我们的孩子目睹了可能会让我们自己感到后悔的事情，成年子女仍可以在他们的成长过程中区分出家庭的不同阶段。研究表明，成年人可以描述出自己父母早些年和多年后婚姻状况的不同。由于某种原因，多个方面整合在一起会形成一个整体的图式。

还应该强调的是，孩子们会主动地构建出这种内心图景。每个孩子对不同问题的敏感度或感受性不同，并且会以独特的方式体验家庭事件。如果想验证这个观点，可以问问你的兄弟姐妹有关你们童年家庭生活里的方方面面。即使你们都来自同一个家庭，但每个兄弟姐妹对自己的家庭生活的评价都是相当不同的，都会提出自己的"私人现实"。虽然你们可能对童年时期家里有几个卧室达成一致，但对于家里是否有幽默感或如何做决定，可能会有各种各样的回答。所以，与其寻找已经发生的"真相"，更重要的是接受已经产生的主观现实。

无声的信念

人们很少会停下来质疑自己认为正确的事情，以及他们是如何得出自己的结论的。图式不是完全可识别的，并且往往以无声的方式起作用。在一种图式形成后，通常会成为"隐性"知识——

即一种被当作普遍正确而被接受的信念。这种信念会让我们假定自己认为正确的事情对每个人来说都是正确的。比如，一个在典型的美国家庭中长大的孩子会注意到人们用刀叉吃饭。他可能会认为这是理所当然的，并毫无根据地认为所有人都是这样吃饭的。可以想象，当他第一次被带到一家中国餐馆，发现人们用筷子吃饭时，他会多么惊讶！也许他接触过欧洲的朋友或亲戚，他们在整个用餐过程中总是用同一只手拿叉子。在使用筷子之前，他可能没有注意到这一点。人们如何进餐的图式可能一直没有动摇，从而无法让他发现更细微的差别。然而，一旦这个孩子认识到人们进餐方式的不同，他可能更容易注意到其中存在的差异。

孩子们所观察到的自己父母婚姻的许多信息都变成了"隐性"知识，即只有通过对事件的解读和反应方式才能显现出来的信念。然而，对于婚姻本来应该有的样子的信念可以追溯到一个人在童年时期的家庭中所接触到的父母的婚姻状况。通常，当一对伴侣对比双方的背景并发现两个家庭是多么不同时，两人都会很惊讶。夫妻双方都深信，他们各自家庭中的做事方式是"正确的"。我曾经遇到过一对夫妻来访者，他们在结婚十年后，仍会为感恩节晚餐应该吃什么而争吵不休。

需要强调的是这些早期信念的力量。在童年时期获取的隐性知识形成的信念有助于解释文化是如何代代相传的。即使一个人在成年后接触到不同的环境，他仍会坚持在童年时期的家庭中获得的信念、价值观和预期。

我是妈妈的女儿；我是爸爸的儿子

另一种理解婚姻如何对孩子产生影响的方法，是借助于身份认同过程——孩子会模仿日常生活中那些对自己至关重要的成年人的方式。很容易注意到你的孩子会通过"借用"说话方式、特殊习惯或走路方式来模仿你们。但与角色扮演不同的是，身份认同并不是孩子很快就会放弃的暂时模仿。最初，身份认同行为是借来的，但是，它们最终会被孩子当成是自己的特征或属性。每当孩子的部分心智变得"像"父母时，身份认同过程就开始起作用了。

认为孩子只对同性别的父母产生认同是一种误解。孩子直到三四岁时才完全意识到性别差异和自己的性别身份。在那之前，他们会自由地模仿父母双方。甚至在那之后，尽管他们看待同性别的父母的方式肯定会对身份认同的形成起作用，但他们可能依然会继续认同父母双方的某些方面。

孩子们不一定喜欢自己父母的所有特征，也不一定总是接受父母给他们树立的榜样。随着孩子年龄的增长，这一点变得更加明显，他们会变得更像他们的同龄人、媒体明星或体育英雄，以此将自己和父母区分开来。这是一个被称为"不认同"的过程，这部分认同源自于孩子对一位父母某些特征的反感以及希望自己不要像那位父母一样。人们可以决定放弃某些特征，并向这些认同"开战"。然而，即使是被拒绝的特征也会成为一个人身份的一部分，并将继续成为情感脆弱的一个源头。正如心理学家卢瑟伦·约瑟森（Ruthellen Josselson）所说："当我们无法忍受在自己身上发现另一个人的特点时，我们与他的联系跟我们希望自己像他一样时同样紧密。"

这意味着，当你的孩子注意到你与伴侣如何互动时，他们在自己的身份认同中会吸收或接受你们双方的某些方面。如果你的孩子对任何既定的特征感到自豪或予以肯定，则很可能产生积极的认同。他会"拥有"你的这一部分特征，而且在自己的婚姻中也有强烈的意愿采用你的方式。然而，当孩子对你和伴侣的行为感到厌恶或羞愧时，他可能会努力不认同你们的行为。即使在年纪很小的时候，一个孩子也会发誓绝不去做或者容忍他在父母婚姻中目睹的一些事情。消极的认同可能会导致孩子长大后采取防御姿态，以避免他发现的那些讨厌的特征再现（例如，如果一个女儿觉得自己的母亲很自私，因为她很少花时间陪伴孩子们，而是经常去参加社交活动，这个女孩可能会发誓专心照顾好自己的孩子；一个看到父亲赌博把房租钱都输掉的儿子，可能会下决心为自己所爱的人提供经济支持）。这不仅适用于个人性格的形成，也适用于对待其他家庭成员的价值观和方式。

通过这种方式，身份认同会成为力量或不安的来源。当我们利用自己与父母的优点联系最紧密的那一部分时，积极的认同会激励我们。消极的认同会导致过度反应和不安，尤其是当我们发现自己身处那些唤醒了我们一直否定的那部分自己的情形时。

内化的伴侣关系

我们每个人内心都有一个基于自己童年家庭经历的婚姻模式。问题在于，这种模式的大部分都是在我们年龄太小的时候形成的，那时的我们还不能完全理解婚姻到底是什么。我们的信念和预期也会受到儿时情感世界的影响，精神病学家吉尔（Jill）和戴维·沙夫（David Scharff）指出，这个世界是由事实和幻想共同支配的。我们的信念当然是建立在我们所观察到的事物基础之上的，但也有一些由想象激发的"额外"特征[1]。其梗概是从真实事件得出的，但会以表达孩子的心境和情感状态的方式受到

---

[1]Scharff, David, and Jill Scharff. *Object Relations Family Therapy*. Northvale, N.J.: Jason Aronson,1987.——作者注

影响。

例如，如果莫妮卡的父亲总是用让她害怕的大嗓门说话，或者如果他经常因为与莫妮卡的妈妈愤怒争吵而失控，莫妮卡内心可能就会对伴侣关系感到恐惧。她可能会幻想父母的争吵会导致他们愤怒，甚至可能导致谋杀。幻想出来的形象被夸大了，超越了"事实"，但尽管如此，它还是会变成莫妮卡信念体系的一部分，会影响她自己对冲突的预期和反应。

内化的伴侣关系并不是孩子随意求助的"事实"，而是一种具有自身影响力的情感参照。任何情形都能触发这种对内化的伴侣关系的信念和情感反应。如果莫妮卡的婚姻参照是一种不能安全地处理冲突的，她会相信分歧可能会导致暴力和毁灭。她的恐惧和情绪反应会伴随她很长一段时间，也会使她建立信任和亲密关系的能力复杂化。

当一个孩子的身份认同充满困惑和不安时，他可能并不会总是表现出严重的问题症状。有些孩子通过模仿或与同龄人发生冲突来表现出这些麻烦的迹象。然而，对于其他孩子来说，在童年时期没有明显的问题迹象。也许孩子会超重，也许孩子很害羞或者多疑。这种内化的后果，直到孩子进入成年期并利用其身份认同形成自己的亲密关系之时才会得到充分的重视。由于一些还不完全了解的原因，我们似乎都需要重复自己童年时期的脆弱和不安。作为成年人，我们会重复困扰自己的问题，在很大程度上就像孩子们一遍又一遍地做同一件事情，试图解决他们的问题一样。

在玩耍中，孩子们可以无休止地重复同一个游戏，总是在寻找一个更好的结果。作为一名婚姻治疗师，我从自己的经历中了解到的是，以如此痛苦的方式重复未完成的事情，并不总是与每个人和自己的父亲或母亲单方的关系有关。很多时候，我都是在帮助来访者处理在他们的孩提时代从父母的婚姻中内化的痛苦的问题。

陷入困境的孩子

孩子们对父母之间尚未解决的冲突非常敏感，并且知道，他们通过采取某种方式行事可以防止冲突发生并威胁到整个家庭。孩子对父母之间的紧张关系如何做出反应，是家庭治疗最重要的发现之一。令人惊讶的是，孩子们为了满足他们家庭的需要或维持家庭的和睦，会在很大程度上调整自己的行为和个性。通常，父母是最后认识到这一点的人。

当莫妮卡听到父母为买哪辆车而争吵时，她可能会尽她最大的努力来平息这场争吵。当父母情绪失控时，孩子们会感到不安和害怕，会本能地尽一切努力恢复家庭的平静。莫妮卡可能会直接恳求她的父母停止争吵。如果无效，莫妮卡可能会试图通过制造混乱或与弟弟打架来转移父母的注意力。当莫妮卡捣乱时，她的父母一定会停止他们的争吵，去处理孩子们之间的矛盾。这时，莫妮卡就创建了一个新的角色。

作为一名家庭治疗师，我学到的第一课就是许多孩子都具有双重人格。当我和一个孩子单独谈话时，他是一种样子，而当他的其他家庭成员加入谈话时，情形就完全不同了。莫妮卡的攻击行为——在这个例子中，对于阻止她的父母吵架是必要的——可能只存在于家庭环境中。在学校里，以及和朋友在一起时，莫妮卡可能是一个善于交际、有趣的小女孩。这是一个很好的例子，即孩子知道如何以及何时采取行动来解决家庭的紧张关系，但她也能在其他情形中表现出真正的自我。然而，在其他情形中，孩子填补家庭中特定角色的需要使得她封闭了真实的自我，"变成"家庭情感生存所需的人。如果这发生在莫妮卡身上，她对自己作为制造混乱的人和作为家里的问题孩子的感觉，将会在她生活中的方方面面显露出来。

　　涉及家庭问题的孩子们的行为和成长方式的例子，在有关酗酒家庭儿童的文献中曾有非常详细的描述。在这些家庭中，孩子们扮演着可以预见到的角色，有的孩子可能成为非常负责任的人，而有的孩子则可能成为小丑或问题孩子。问题孩子可能会表现出严重的问题行为，导致整个家庭要接受治疗。然而，这些孩子都因为他们从父母的婚姻中学到的东西而存在同样的潜在问题。父母们很难理解，一个非常负责任或"完美"的孩子实际上可能深陷困境并且非常困惑。很多时候，这些情感问题不会浮出水面，而是直到孩子几乎成年并开始约会时才会再现。同样，这些年轻人被有类似问题困扰的伴侣所吸引，并重复自己在童年时期的家庭中所接触到的模式也就不足为奇了。

　　父母的冲突并不是给孩子造成问题的唯一原因。在一些家庭中，存在着妨碍孩子心理发展的极度焦虑。很多时候，这种焦虑与害怕被遗弃或无人理睬的恐惧有关，这导致人们以不健康的方式依附于他人并变得过分亲密。在这样的家庭中，人们很可能会避免分歧和冲突，因为担心这会导致亲密关系的破裂。因为愤怒是不能被容忍的，孩子们会压抑自己的情绪，从而导致身心和情绪问题。那些在潜在焦虑的环境中长大的孩子，往往会变得缺乏安全感，并会为获得安全感而寻求与成年人的过度亲密关系。因为父母对情感连接的需要是通过对孩子的依恋得到满足的，所以他们不太可能为支持孩子变得更独立而努力，也不太可能支持孩子与同龄人或家庭以外的其他人建立社会联系。因此，焦虑的潜流会代代相传，导致孩子和他们的父母经历与家人和"其他人"相关的问题。

　　孩子们不仅会受到父母充满压力或令人不安的互动的影响，也会受到良好的互动的影响。当父母能够互相尊重、相亲相爱、建设性地解决两人之间的分歧时，他们会让自己的孩子受益良多。他们为孩子们提供了一个安全的环境，让孩子可以专注于自己的问题，而不必承担父母的负担。来自这些家庭的孩子有优秀的角色榜样，但更重要的是，他们正在建立一种充满积极信念和预期的婚姻内在图式。对他们来说，婚姻是人们互相照顾、享受彼此陪伴，并知道如何解决问题的避风港。

相反，那些来自婚姻不和家庭的孩子则有截然不同的经历。他们被剥夺了选择的机会，并承担了不该由他们承担的责任。面对不能互相支持或不能以爱的方式行事的父母，使他们觉得婚姻既不安全也不舒适，并让他们怀疑人们是否真的值得信任。当他们看到父母中的一方贬低、羞辱或虐待另一方时，他们就会陷入一种充满冲突的境地，父母双方都不能以积极的方式得到他们的认同。对忠诚的需要使得他们的日常生活充满了压力和怨恨，导致他们害怕被置于一个与成年人相似的位置上。这些孩子的少年时期为自尊、抑郁和极度愤怒而苦苦挣扎还不够，可以预测，他们在成年后也会出现人际关系问题。

家庭中一代人的"敏感问题"将会成为下一代人情绪反应的靶子。当父母以极端的方式对彼此做出反应时，他们通常是在重新经历他们自己童年时期的问题。孩子们很有可能会毫不费力地学会这种情绪不安，并在同样的方面形成弱点。例如，那些互相批评的父母，或者那些在出现问题时很容易互相指责的父母，很可能是在一个经常被评判和苛求的家庭中长大的。无论他们是否将这种与人相处的方式局限于自己的婚姻，还是以类似的方式要求和批评孩子们，他们让孩子接触到的都是拒绝宽恕和相互支持的婚姻生活。对于他们的孩子来说，被评判和指责可能会成为立即造成严重问题的事情。

当父母之间的问题从局限于两人的婚姻延伸到父母各自与孩子之间的关系时，也会给孩子带来困难。通常，那些因为自己伴侣的某个特点而苦恼，但又不能直接发生冲突的父母，就会把自己的挫折感发泄在一个在某些方面类似或表现出他们不满之处的孩子身上。在其他情形下，一个孩子可能被迫代表父母中的一方与另一方的冲突，而被牵扯到父母的婚姻中。当一个孩子被用来控制或转移婚姻中的紧张时，一种三角关系就产生了。例如，当婚姻出现问题或苦恼时，一个孩子可能会被一位需要支持或"养育"的父母拉入这种三角关系。在所有这些情形中，孩子们所接触到的信息都是将他们的注意力从童年时期的优先事项上转移开，并给他们带来沉重的负担。同样，尽管有一些孩子会立即出现症状，但其他孩子会显得适应能力很强，直到他们成年后建立自己的亲密关系。

好的和不好的

由于人们在处于困境时才会向心理治疗师寻求帮助，所以我们倾向于用问题情境的例子来说明我们的理论。然而，也有孩子从父母的婚姻中获得很多爱的教育，并将其传递给自己的孩子的例子。就像孩子们能感受到父母婚姻中的紧张和冲突一样，他们也能观察到关爱和支持。那些拥有成功婚姻的夫妻有很多幸福的秘诀可以告诉我们。毫不奇怪，他们的父母婚姻的积极榜样，往往是他们列出的前几个重要因素。当夫妻谈论美满的婚姻以及婚姻对他们有多么重要时，他们通常会承认自己父母的婚姻给了他们积极的影响和激励。

当孩子们在父母明显彼此欣赏的充满爱和滋养的家庭环境中长大时，他们会发展出一种对亲密关系的重视和渴望。因为他们在长大的过程中见证并体验过亲密关系带来的舒适和支持，他们更愿意在自己的生活中创造这种关系。对婚姻美好的信念是在童年和青春期建立起来的，在青年时期就已经形成。那些研究亲密关系的积极期待和渴望的心理学家发现，拥有这种信念的男性和女性在自己的婚姻中感觉更幸福，更享受养育子女的过程，身体也更健康。虽然很多因素共同造就了幸福的婚姻，但那些重视亲密关系并期待拥有成功婚姻的年轻人更有可能使之成为现实。

虽然你的孩子在与他们的朋友相处和观看黄金时段电视剧的过程中，会接触到许多不同类型的婚姻，但是核心家庭的婚姻仍然会对他们产生终生的影响。影响你的婚姻的行为和价值观会渗透到孩子的核心信念体系中。尽管爱的功课很少得到清晰有力的表达，但孩子会根据他看到的你和你的伴侣之间发生的事情，"知道"自己应该期待什么。这种学习的力量不应该被低估，尤其是因为这是悄悄发生的。

在接下来的各章，我将向你介绍一些我的来访者，从他们身上可以了解到孩子们从父母的婚姻中学到了什么，以及是如何学到的。这些人中的大多数都表现出了可能产生的各种问题，要么是孩子们用他们所知道的最好的方式来维持着脆弱的家庭和平氛围，要么是成年人追溯了他们当前的问题与自己父母的婚姻之间的联系。心理治疗成了一种认识并最终解决这些问题的方法。然而，预防是心理治疗师的终极目标。通过审视你的婚姻中的这些主题，你的孩子就有希望能够学到爱的积极功课。

第 *2* 章

确立婚姻的优先地位
"爸爸和我是彼此生命中最重要的人"

在我的临床工作中，对问题儿童和不幸婚姻的治疗使我确信，稳固的婚姻是一个家庭幸福的基础。当父母之间的关系能给双方提供支持和关爱时，他们会变得充实并保持爱的活力，所以他们会更快乐并喜欢自己的孩子。在这种氛围中长大的孩子会得到两份无价的礼物：一个更稳定且一致的家庭环境，以及一个将引领他们在长大后寻求同样的幸福婚姻的蓝图。但统计数据证实，美满的婚姻并不多。美国的离婚率已经达到 50%，而且还在持续上升。婚姻治疗师的报告说，不幸的婚姻发生率很高，这些婚姻并没有以离婚告终，但是传统的治疗方法对其却不起作用。甚至对患有抑郁症的个人的研究也表明，有半数寻求帮助的人表示，他们的首要问题是他们的爱情关系[①]。

那么，看看在幸福婚姻与不幸婚姻中到底发生了什么是很有意义的。因为，不仅仅治疗师会注意到什么是对的，什么是错的——孩子们同样会注意到。

---

①Neuman, M. Gary."How Divorce Affects Kids."*Parents Magazine,* November 1998,93.——*作者注*

我发现建立稳固婚姻的一个极其重要的因素，是伴侣们在他们的生活中保持婚姻优先地位的能力。对于一些夫妻来说，当他们第一次对彼此做出承诺时，挑战就来临了。即使在这个早期的关键时刻，他们也无法在满足伴侣的需要和对原生家庭的忠诚之间找到恰当的平衡。对于另一些夫妻来说，困难出现在后来，即当孩子进入他们的生活，并且他们必须要学会如何为人父母，而同时要确保他们有一定的隐私和空间来维系两人之间的关系的时候。在当今这个忙碌的世界，几乎每对夫妻都需要帮助来学会如何保护自己的婚姻免受外界的压力。

如果父母屈服于其他人的需要，以至于只为婚姻留出太少的精力和时间，他们就会在很大程度上忽视对彼此的需要和重视，并且经常发现自己通过愤怒或沮丧来表达自己的失落感。即使婚姻不是人们在生活中需要承担的唯一责任，但如果要维持婚姻关系，就必须采取一种特殊的方式。当伴侣们表现得好像与自己的父母、孩子或工作联系更加紧密时，婚姻就会出现麻烦。我在婚姻治疗中遇到的很多人都抱怨伴侣将与自己的关系视为理所当然。当我第一次见到一对夫妻时，我通常会询问他们两个人单独相处所花的时间，以及婚姻在他们的其他责任和义务中处于什么地位。我发现，那些很少花时间单独相处的夫妻通常不能相互支持和相互照顾，这会带来痛苦的后果。

每个家庭都会有某种特定的氛围和文化。父母之间交谈、触摸、谈论彼此的方式，伴随着日常互动的细微之处的语调……这会使家庭成员产生共同的信念、价值观和预期。正是这种氛围和日常生活的行为举止，会印在孩子对夫妻关系形成的图式中。当父母彼此珍视，很高兴见到彼此，并关注彼此的需要时，他们的孩子就会懂得婚姻中亲密关系的重要性。当夫妻彼此之间相处的时间很少，忽视他们的婚姻时，他们会向孩子传递出其他人和其他事对自己来说更重要的信息。在无意中，他们会让孩子感觉到伴侣不一定要彼此喜欢，工作、大家庭和朋友才是成年人获得幸福感和满足感的真正来源。

"你是和我结婚还是和你的家庭结婚了？"

那些与夫妻和家庭打交道的治疗师认为，家庭的情感连接会经历几个可预测的阶段。例如，虽然孩子们爱父母、依恋父母是正常的，但孩子到青春期的时候，他们必须从父母转向与其他青春期的孩子发展对他们来说同样重要的关系。通过与父母情感分离的过程，年轻人学会如何为新的所爱之人腾出空间。

学会与一个人建立亲密关系并不容易，也不是自动发生的。大多数人都需要艰难努力才能找到自我和他人之间的平衡，并学会如何处理由此产生的分歧和失望。当这段关系变得更认真时，心甘情愿地展现出脆弱和依赖对方，对于成功地维系关系是必不可少的。但是，一段关系的发展和延续的能力，也会受到夫妻双方如何学会平衡并重新定义他们对新的爱人与自己童年家庭的责任和承诺的影响。

为了成为一个好的伴侣，必须融合和平衡三种不同的身份：作为独立个体的自己，身为伴侣中的一方的自己，以及仍然身为子女和兄弟姐妹的自己。既要满足我们自己家人的期望，同时又要证明我们对伴侣和新的大家庭的忠诚，不是一件容易的事情。对大多数人来说，这些挑战在订婚之后不久就会达到顶峰。筹备婚礼通常是一种充满压力的经历，其中的每一个决定都会引发一场家庭战争。在这个本应该幸福美满的时刻，大多数夫妻发现他们要努力平衡家庭成员的不同期望，并安抚他们的不满。对许多夫妻来说，结婚的第一年仍然是一段充满压力的时期，因为忠诚、责任和承诺会反复经受考验。

当大家庭优先时：纠缠式家庭

如果你研究来自不同文化背景的已婚人士与他们童年时期家庭的关系，你会发现有各种选择，每一种都会对婚姻关系产生不同的影响。在更重视群体或家庭的社会中，人们对婚姻能够带来亲密关系的预期更低。终身的父母-孩子的纽带和对原生家庭的忠诚是被期待的，并被视为是正常的。但是，在这些文化中，不太强调爱情和个人幸福的重要性。成年人会向同性朋友、大家庭，甚至是孩子寻求陪伴、刺激和情感连接[①]。

然而，在我们的社会中有一种信念，认为人们会寻找自己的灵魂伴侣并与之结婚。个体被视为友谊和感情的最终来源，婚姻被看作浪漫爱情的顶峰。因为婚姻中涉及浪漫、性和亲密关系的部分是专属于两个人的，没有给父母或对方父母留出什么空间。

但是，生活中不是只有婚姻，伴侣中的每一方都必须找到一种方法，与自己的原生家庭保持一种舒适的关系。对于什么是"恰当的"参与原生家庭的事务，双方很少有相同的观点和预期。在我自己的生活中，我担心我的丈夫为什么很少去看望他的母亲，而他因为我给父母和姐妹打长途电话花费很多时间和金钱而感到苦恼。我们每个人都必须通过自己不同的角度来考虑在婚姻中哪些信息可以分享，哪些信息需要保密。

如果一对夫妻在孩子出生之前不能与自己的原生家庭建立舒适的界限，情况通常会变得更糟。那些对成年子女很难放手的父母，往往在第一个孙辈出生时会找到他们的真正使命。一对还没

---

① Falicov, Celia J. "The Cultural Meaning of Family Triangles." *In Re-Visioning Family Therapy: Face, Culture and Gender in Clinical Practice,* edited by Monika McGoldrick, 33–49. New York: Guilford, 1998.——作者注

有学会如何调节自己与长辈的关系的夫妇，在面对不可避免的大量的善意建议和参与要求时，会处于严重不利的地位。除非这些界限在婚姻关系的头几年就被明确界定，否则孩子们会认为自己的父母对大家庭成员关系的重视高于婚姻。这是有问题的，因为让孩子们了解父母对彼此多么重要是极其重要的。

如果孩子在一个大家庭就像父母之间的一个楔子一样的家庭中长大，他们可能会认为对父母或兄弟姐妹的忠诚是正常的，父母在彼此的生活中并不排在首位。在最极端的情形下，父母中一方的家庭被看作是特殊的，而另一方的家庭则被贬低。如果父母中的一方对自己原生家庭的重视超过对伴侣的重视，就会形成局内人或局外人的观点，这会给孩子们造成不安和忠诚的问题。这些孩子可能会被接纳为"上等"家庭的一分子，而父母中的另一方及其大家庭则会被抛到一边。这些孩子也可能在成长过程中对他人抱有类似的偏见。这种优越感往往会滋生特权观念，给人际关系增加额外的压力。保罗和艾琳就是这样的例子。

保罗和艾琳

艾琳在上大学的第一个月认识了保罗，当保罗在八个月后送给她一枚钻戒向她求婚时，她非常激动。当艾琳的家人见到保罗时，他们说他"有点儿缺点，但很有潜力"，虽然他们同意了这段恋爱关系，但他们明确告诉保罗，为了融入他们的家庭，他需要注意自己的礼仪和衣着。艾琳的母亲对他人的评判非常敏感，并且总是确保她的家人无论走到哪里都能给人留下良好的印象。她嫁给了一个经济实力雄厚的男人，但他的父母以前是贫穷的移民。虽然她对公公婆婆彬彬有礼，但是唯一受到鼓励的亲密的家庭关系还是她与自己原生家庭的。艾琳和她的两个兄弟与母亲那边的亲戚关系很好，但是对于父亲那边的大家庭几乎是陌生人。

现在，这种循环延续了下来，艾琳的家庭相对来说比较成功，社会地位更高，而保罗则被看作是劳动阶层的儿子。尽管保罗很聪明、很有幽默感、很有魅力，但他仍被艾琳的家人认为是"欠缺"的。保罗知道了未来岳母对他的描述，感觉有些受伤。"只要你不这么想，我们之间就没问题。"他告诉自己的未婚妻。但随着婚礼越来越近，问题的严重程度也越来越明显。

艾琳的父母建议这对夫妻把为艾琳婚礼准备的大笔款项用作买房的首付款。仍然会有一个小型的招待会，但只邀请直系亲属和亲密的朋友。然而，保罗来自一个非常重视庆典的大家庭。得知这对夫妻的选择后，他的父母既伤心又困惑，并建议说他们收到的结婚礼物可以帮助他们买一套房子。在他们看来，买房子并不是一件很着急的事情，但是庆祝他们家在保罗这一代的第一个婚礼是有充分理由的。保罗也想知道艾琳的母亲是否因为他的家庭而感到羞耻，害怕她的朋友们在看到他们一家是多么贫穷和纯朴时会怎么想。当艾琳支持她的父母的提议时，保罗感到既惊讶又伤心。在认识到艾琳受到家庭的影响有多深，并且对他的感受反应多么迟钝之后，保罗取消了婚礼。

给孩子造成的问题

那些与父母和伴侣的父母关系亲密的成功例子，提醒我们不要将父母介入成年子女的家庭认定为"错误"的。但是，也有证据表明，与自己的父母过度亲密的父母，可能会使孩子的生活复杂化。有一些家庭治疗师认为，家庭间的亲密关系与儿童和青春期的孩子出现的问题有关。一些心理医生发现，患有严重厌食症的青春期孩子来自母亲与其原生家庭之间存在过度参与的家庭。

为肥胖儿童提供咨询的吉尔·哈卡威（Jill Harkaway）同样注意到，她的大多数患者来自父母都没有成功地形成独立身份并与自己的父母分离的家庭 ①。这几种类型的家庭被家庭治疗师描述为"纠缠式"的，而且，很多时候，这些家庭父母中的一方或双方与自己的父母结盟，而不是与自己的配偶保持一致。两代人之间关系的模式很可能会延续下去，给孩子们带来压力和情感负担。这一点在我几年前工作中遇到的一个家庭表现得非常明显。

珀尔马特一家

朗达和杰克·珀尔马特以前接受过一次婚姻治疗，但在几次面谈后就放弃了。他们用讽刺和贬低的口吻向我描述了他们以前的治疗师，认为那个治疗师既天真又肤浅，并且对我是否能给他们提供任何帮助持怀疑态度。但孩子们的儿科医生对他们的家庭环境很担心，并敦促他们再去寻求帮助。

这对夫妻有三个成年的孩子和一个学龄前的女儿。在最开始的几分钟里，我就看出最小的孩子是这对夫妻当前问题的一个重要原因，但是，在她出生前，他们的婚姻就已经陷入了麻烦。伊莱娜是在朗达四十六岁时被收养的，那是在朗达最小的孩子去读大学一年之后。尽管那时杰克很高兴自己能有更多的机会去旅行和打猎，这是他投入热情的运动，但朗达非常孤独，她一直努力劝说杰克，直到他同意收养一个孩子。现在，朗达觉得自己被一个精力充沛的孩子和一个不愿意改变自己生活方式的丈夫弄得难以承受。他每天工作很长时间，每个周末都很早就离开家，去享

①Harkaway, Jill E."Childhood Obesity: The Family Context."*In Children in Family Contexts: Perspectives on Treatment,* edited by Lee Combrinck-Graham, 231–251. New York: Guilford, 1989.——作者注

受打猎的最佳时光。当朗达向我寻求支持时，杰克咆哮道："你想要什么？在你收养她之前，我告诉过你，我不会改变我的工作习惯，也不会放弃打猎。这是我们的约定。你同意了，现在遇到麻烦了！"

一旦在面谈中出现冲突，伴侣之间的敌意就会全面爆发。几秒钟之内，他们就开始冲对方大喊大叫，相互辱骂。我用尽全力才让他们平静下来，了解一些他们的个人情形，以及在他们最小的女儿加入这个家庭之前的生活。

朗达是家里三个孩子中最小的一个，父母都是通过政治避难移民美国的。尽管她的父母努力工作，充满爱心，但他们从未从政治压迫中恢复过来，总是对外人感到恐惧和怀疑。当朗达和她的哥哥在一年之内相继患上慢性哮喘时，他们的父母保护孩子的欲望更加强烈了。因为朗达的母亲认为孩子们很脆弱，如果再患上其他疾病，他们可能会死去。所以三个孩子都被关在家里，请家庭教师教了他们几年。即便在他们能够回到学校之后，朗达的母亲也不同意朗达去交朋友或者发展其他兴趣。"你有我和家人——你想从一个根本不关心你的人那里得到些什么呢？"

朗达开玩笑说，在某种程度上，她能结婚简直是个奇迹。她的母亲和三个孩子的关系是如此的紧密，以至于没有留给外人的空间。即使孩子们到了青春期，他们也很少约会或参加家庭以外的兴趣活动。但朗达一直渴望有自己的孩子，她在 20 岁时就偷偷地和杰克约会。在她的心中，杰克可能是被"领养"进他们家的，最终让她实现她母亲最大的愿望——当上外祖母。

杰克是个有点不合群的人，在遇到朗达之前，他很少约会。杰克出生在一个重视学业成就的家庭，由于未确诊的阅读障碍，他在学校里学习很吃力。他在阅读方面的困难成为他和他的父母尴尬的根源，他遭受了强烈的挫败感。一个问题似乎会导致另一个问题，杰克的不安导致了他在学校结巴，这使得其他孩子取笑他并躲着他。结果，杰克转向了打猎——这项运动给了他一个表现卓越的机会，让他能在一个完全由自己控制的环境中找到安宁。最终，杰克的学习问题被检查出来并得到了纠正。似乎是为了弥补之前的失败，杰克在研究生院取得了优异的成绩，并创建了一家咨询公司。

杰克和朗达是通过一个共同的朋友介绍认识的。尽管杰克的生意做得很好，但他在社交上很难表现得轻松惬意，他被朗达的活力和"健谈"所吸引。朗达知道她的父母会赞赏杰克经济上的成功和安静的性格，她很高兴自己能有机会建立自己的家庭。尽管杰克知道朗达和她的母亲以及姐姐的关系非常亲密，但他认为这些关系会让朗达忙个不停，这样他就可以继续忙自己的生意，并继续打猎。孩子们出生后，朗达的家人也帮助他们保持住了这种模式。

但随着时光的流逝，这对夫妻对彼此开始变得不满和挑剔。杰克更喜欢在家里安静地放松自己，他讨厌朗达那种总是要交谈的需要。朗达经常感到孤独和难以承受，她不知道如何处理孩子们因正常感染而生病或开始在朋友家过夜时自己出现的焦虑情绪。当朗达的母亲意外去世后，事情变得更糟了。她的姐姐要陪着自己的丈夫和孩子，朗达感觉到无比的孤独。她的焦虑导致她暴食，而杰克却以鄙视作为回应。他们的婚姻破裂了，而长大了的孩子们远在千里之外。

在孩子们还小的时候，每个孩子都相继成了妈妈的知己和最好的朋友。虽然杰克允许这种亲密关系的发展，但他通过确保孩子们积极参加体育活动、培养音乐兴趣，以及每年夏天去露营进行弥补。现在，孩子们都已经是青年人了，在远离父母的地方过着自己的生活。但是，他们的缺席给朗达造成了危机。母亲的去世，也让她感到孤独而脆弱。她从来没有真正和丈夫建立起亲密关系，指望母子关系能够为她提供认同和情感连接。她需要领养一个孩子来填补因长大的孩子们离开而产生的近乎绝望的空虚感——因为她找不到其他的方法活下去。

当我见到他们的小女儿时，我明白了为什么朗达觉得自己好像忙得不可开交。伊莱娜就像引起骚动的旋风，是一个一刻也停不下来的孩子。朗达说，伊莱娜最近被诊断出患有注意力缺陷障碍症（ADD），但是父母都怀疑药物治疗对她这么小的孩子来说是否是最好的方案，并怀疑测试结果的准确性。朗达和杰克都能看出来，他们的婚姻状况加剧了伊莱娜的行为，当父母开始争吵时，她几乎无法控制自己的行为。用不了几分钟，伊莱娜就会开始摔东西或者要求帮助，这迫使朗达不得不将所有的注意力都集中在她最小的孩子身上。虽然这种被需要的感觉带给了朗达一些满足，但她也开始变得疲惫和沮丧起来。她那拥有一个可爱女儿来陪伴自己的梦想，被一个加重了她的焦虑和自我怀疑的孩子的需要粉碎了。但是，对于一位全心全意与女儿保持紧密依恋并投入全部精力的焦虑的母亲来说，其"治疗方法"已经根深蒂固了。只要他们在婚姻中对待彼此仍然很刻薄，这种情形就不会有所改变。

不幸的是，我无法帮助这对夫妻摆脱他们那相当僵化的立场。朗达会继续责怪杰克让她的生活变得痛苦，而杰克也拒绝就自己的生活方式做出妥协。对杰克来说，幸福源于工作、运动，以及与三个大孩子打电话。朗达与伊莱娜以及几位能帮助她应对日常挑战的专业人士的关系会越来越密切。

谁最重要？

朗达和杰克并不是唯一不再向彼此寻求满足自己需要的伴侣。对很多伴侣来说，为了满足自己的需要而不得不进行谈判是令人失望和充满压力的，这导致他们更容易转向其他人去寻求帮助。也许人们对当代婚姻的期望太高了，因为伴侣们希望相互之间能提供友谊、美妙的性，以及创造我们大多数人所认为的亲密关系的所有情感要素。在该领域做出重要贡献的卢瑟伦·乔瑟森认为，除非一个人有被重视、被需要和被关心的感觉，否则就无法获得亲密关系。有时候，回应伴侣的需要很容易，但有时候对方的要求又会太过分。很多时候，伴侣双方同时都有需要，或者双方的需要相互冲突，但都认为自己的需要更重要，应该首先得到回应。亲密关系通常需要耐心、自我牺牲和平衡各种事情的能力，这样双方才能相互适应。

根据我的经验，这是许多婚姻变得不幸或让人愤怒的原因之一。在我们祖父母的时代，致力于让整个家庭幸福是优先事项，男性和女性为家庭幸福应该怎么做都有明确的界定。人们对于婚姻的要求比较少，除了努力工作让一切变得更好之外，几乎没有其他选择。今天，人们更加强调个人获得幸福感和成就感的权利。和男性一样，女性也投入到工作、社交和运动的追求中去，从而获得满足感。因此，一个拥有其他个人成就感来源的人，与一个把婚姻看作生活中最能满足个人需要的人相比，对亲密关系的需要会有非常不同的反应。对于后者来说，将婚姻或伴侣而不是自己置于优先位置的决定并不一定会被认为是一种牺牲，因为幸福婚姻带来的回报才是最重要的。但是，如果一个人认为工作上的成功是获得幸福的方式，那么花在婚姻上的时间和精力似乎就是一种干扰或无法履行的义务。当父母重视自己的婚姻关系时，他们会做出不仅尊重伴侣，并且尊重婚姻本身的决定。在这种情形中，什么对"我"有利和什么对"我们"有利之间的冲突就会减少。

工作至上：工作狂家庭

对很多父母来说，将婚姻置于优先位置听起来可能很有吸引力，但要做到这一点，必须要考虑工作的现实。父母可能会出于不同的原因与他们的工作"结婚"。对于今天的家庭来说，要重现他们成长过程中的生活方式往往是很困难的。住房成本和其他相关的生活费用飙升，而收入的增长速度却慢得多。在这个频繁裁员和公司不断合并的时代，职场人士感觉要把更多的时间投入到工作中。为了保住工作，许多成年人发现他们每天都要工作10~12个小时。

尽管大多数的妈妈确实有工作，但大多数已婚女性会平衡工作和家庭责任，而且她们并不认为自己是家庭的主要收入来源。由于男性通常比女性的收入更高，而且对现状的威胁较小，大多数夫妻会认为丈夫为家庭财务的安全承担主要责任。心理学家吉尔·巴恩斯（Gill Barnes）认为，这造成了一种自相矛盾的困境，因为工作成为了夫妻生存的经济来源，但同时又剥夺了为维持亲密所需的家人共处时间。因为现在大多数母亲都从事兼职或全职工作，夫妻相处的时间更少了，而分担家庭责任和照顾孩子的需要增多了。有工作的妈妈们在享受她们的工作和为家庭获取额外收入之间陷入了两难的境地，但同时又会因为陪伴孩子的时间减少而内疚。当工作和陪伴孩子之间发生冲突时，婚姻摆在什么位置呢？

"工作狂"这个绰号意味着，一个人从事工作不仅是为了挣钱，而且是为了获得心理上的满足，感觉到自己有能力。一些心理学家指出，许多男性对他们的伴侣要求的亲密程度和养育子女所需的付出感到不安。许多男性不是尝试承认并努力处理这种状况，而是简单地"让"他们的工作需要把他们从家庭亲密关系的压力中带离。当工作让一个男人感觉自己很有价值、很重要，同时他的妻子又让他感觉自己不够好时，这种情形就更容易出现。

工作带来的压力可能是职场的现实，也可能是一种对亲密关系的逃避。然而，几乎没有人会质疑自己工作的机构对他们的生活所造成的影响，反而将自己的沮丧发泄在彼此身上。就像巴恩斯研究的另外两对职场夫妻一样，我发现我也在调整自己的日程安排，以满足丈夫的工作需要。虽然有些时候我能理解这漫长的一周工作并不是我的丈夫喜欢的，但是有些时候，我也会陷入疲惫和沮丧之中。以我自己在事业上的妥协来适应他的职业生涯或相信我丈夫忠诚于他的工作而不是家庭，这是不容易的。即使我不想责怪自己的丈夫，也很难做到。在孩子们见不到爸爸的日子里，除了让我感到难过之外，我还意识到我也很孤独。

在我自己的婚姻中，就像我在婚姻治疗中遇到的那些双方都工作的夫妻的婚姻一样，丈夫对工作的过度投入会导致疏远和冲突。当夫妻双方不能共同面对这种情形并向对方寻求支持时，这种怨恨就会变得根深蒂固。通常情形下，恶性循环就开始了，随着妻子的抱怨，丈夫用在家庭之外的时间就更多了。正如你将在第7章看到的那样，婚姻冲突对孩子来说总是很难面对的。但是，工作狂家庭中的孩子还会受到其他方面的影响。在一些家庭中，妈妈会过度投入到作为母亲的角色中，以弥补她们作为妻子角色感受到的孤独和失望。孩子们也会陷入对妈妈的过度忠诚，并试探他们与爸爸之间的关系。桑普森一家就是这样的例子。

桑普森一家

在他们的婚礼上，根本无法预测到，如此自信、充满希望的两个人会在五年后变得如此不幸福。珍妮特和拉塞尔认识的时候，两人都是美国最好的一所大学的法学院学生。他们才华横溢，深受同学们的欢迎，在社交上也很受欢迎，他们的未来看起来在各个方面都前途无量。在结婚之前，珍妮特和拉塞尔讨论了他们以后如何平衡事业和孩子。尽管他们一致同意珍妮特在家里待到最小的孩子开始上学，但是他们都想参与照料孩子。拉塞尔表示，家庭比他的工作更重要，他会尽可能多待在家里参与养育孩子。

　　碰巧，就在珍妮特发现自己怀孕的同一个月里，拉塞尔被调到了律所总部。他们同意搬家，因为他们知道这有助于拉塞尔在总部获得成功。但是，这对夫妻远离了家人和朋友，当孩子出生时，珍妮特发现自己孤立无援。尽管拉塞尔承诺会帮忙照料孩子，但他的案件一个接一个地陷入危机，导致他整天整夜地困在办公室里。珍妮特越来越疲惫、愤怒，最后变得沮丧起来。更糟糕的时刻到来了，当珍妮特再次请求拉塞尔早点回家时，拉塞尔却说是她有问题，不能像一个正常的女人那样照顾一个健康的婴儿。

　　拉塞尔无意中触动了珍妮特心中最痛苦的地方。珍妮特的母亲一直专注于自己的兴趣爱好和珍妮特的弟弟的体育活动，没有时间陪伴珍妮特。当珍妮特需要乘车去某个地方，或者需要有人倾听她的问题时，她的母亲总是把她晾在一边。偶尔生病是"不允许的"。珍妮特回想起来，她有一天晚上吐了，却被留在了家里，因为她的母亲要去为弟弟的篮球赛加油。正如珍妮特告诉我的："那甚至不是一场冠军赛或季后赛，只是一场普通的比赛！"珍妮特学会了自立，不依赖任何人——直到她爱上了拉塞尔。拉塞尔的那句话听起来好像珍妮特因为需要他而显得很无能，这唤起了她认为自己不够优秀、不值得被爱的感受。在珍妮特看来，拉塞尔选择了他的工作而不是她和他们的孩子，就像当初她的母亲选择了儿子而抛弃了女儿一样。

　　到他们来接受婚姻治疗时，这对夫妻已经陷入了严重的困境。正如预料到的那样，拉塞尔得到了他所追求的职位晋升和安全感，在律所备受尊敬。但珍妮特对他的成功感到怨恨。她声称拉塞尔沉迷于他的高级合伙人的称赞，愿意为他们做任何事。相比之下，她觉得她却必须乞求拉塞尔去考虑她提出的哪怕是最基本的要求，而且她怨恨拉塞尔对她和那时已有的两个孩子明显漠不关心。珍妮特已经早就不依赖拉塞尔给予她感情上的陪伴了，但她觉得现在已经四岁和两岁半的两个孩子迫切需要一个父亲。

有时候，小家伙们一醒来就听说爸爸已经去上班了，等到晚上睡觉的时候，他们还在问："爸爸什么时候回来？"

因为拉塞尔很少在家，所以他不像珍妮特那样了解孩子们。大女儿葆拉很容易受到过度刺激，在拉塞尔和她玩抢球游戏后，她会变得粗野和好斗。赖恩正处于不断试探界限的年龄，如果拉塞尔让他用双手拿着杯子，赖恩就会盯着爸爸的眼睛，把牛奶倒在地毯上。当然，进行干预并让孩子们安静下来是珍妮特的工作。当拉塞尔生气并批评珍妮特养育孩子的方式时，珍妮特会反击说，孩子们跟她在一起时不会那么做，也许如果拉塞尔花时间去了解他们，他们也就不会那样做了。

虽然珍妮特和拉塞尔都想努力挽救这个家庭，但他们之间几乎已经没有感情和关心了。拉塞尔怨恨珍妮特不能祝贺他事业上的成功，也不认可他多么努力地为这个家工作。珍妮特嘲笑他不知道如何在工作上设限，如果征求她的意见，她的选择是让他找一份不那么费心劳神的工作，并能有更多的时间陪伴家人。尽管表面上他们所有的梦想都实现了，但是两个人都感到孤独、无助和不幸福。

孩子优先：以孩子为中心的家庭

珍妮特和拉塞尔面临的挑战和所有年轻父母面临的挑战是一样的。除了要保护婚姻关系不受工作的影响之外，每对夫妻还必须学会如何在孩子出生后保持亲密关系。在过去的几年里，许多心理学家研究了伴侣对怀孕以及随后为适应孩子的婴儿期、蹒跚学步期和十几岁时期婚姻所发生的具体变化。对于一些父母来说，不孕症会导致变化，因为怀孕的挑战突然改变了夫妻之前的相处方式。性爱被温度计度数的升降或石蕊试纸上的变化所支配。然而，即使是那些没有怀孕压力的夫妻也会发现，一旦孩子出生后，他们的生活也会发生巨大的改变。夫妻很少有时间享受两人独处，而且不得不重新定义两人关系中的几乎每个方面。

　　毫不令人惊讶，为人父母的最初两年是压力最大的，许多曾经梦想孩子会带来快乐的夫妻开始考虑离婚。心理学家罗恩·塔菲尔（Ron Taffel）认为，这种压力和不安中的大部分是由男性和女性对待养育和承担家庭责任上的不平等方式造成的。尽管提倡男女平权已经很多年了，但是，承担照顾孩子的生理和心理的大部分责任的还是母亲。父亲在家庭生活中的变化不大，但他开始承担更多的经济上的责任，如果妻子延长产假或永久离开工作岗位，这种情形就变得更加严峻。这样就出现了一种模式，父亲花更多的时间在工作上，而母亲感到在她最需要父亲的时候被抛弃了。当妻子感到自己不能依靠丈夫在家里帮更多忙时，她们就会变得很恼火，夫妻间的压力就会急剧增大。结果，夫妻双方对婚姻的满意度下降，婚姻冲突增多。这种由第一个孩子带来的危机很严重，因为有 15% 的夫妻在孩子出生两年内就不再住在一起了 [1]。

　　伴随孩子的出生而来的婚姻压力，通常与父母共同养育孩子的预期和分担未预料到的责任的现实情形之间的强烈对比有关。以前那种丈夫挣钱、妻子照顾孩子的模式，对于今天的大多数夫妻来说已经不现实了，因为大多数年幼孩子的母亲都要工作。大多数夫妻在开始一起生活时也不赞成 30 年前盛行的那种对妈妈和爸爸的刻板印象。在大多数"后现代"婚姻中，夫妻双方从一开始就承诺关系平等。但是，孩子的出生改变了一切，即使是思想

---

[1]Crohan, Susan E. "Marital Quality and Conflict Across the Transition to Parenthood in African American and White Couples." *Journal of Marriage and the Family* 58 (1996): 933-944.——作者注

最开放的夫妻似乎也回到了陈旧刻板的角色中。丈夫和妻子都会采取他们自己的童年家庭所采用的模式，尽管与此同时他们可能会感到深深的怨恨。对于那些认同自己父亲的权力并在工作上非常成功的女性来说，尤其如此。生孩子会让一个女人处于不同的位置，因为她现在感觉自己是一位母亲了。她父母婚姻的蓝图再次上演，她不知不觉地接受了这种几年前她可能极力反对的关系。

不同类型的爱

很少有人意识到，家里有了孩子会极大地减少夫妻双方花在彼此身上的时间和精力。尽管大多数人都希望孩子的出生会让彼此更亲密，但事实却恰恰相反。尽管我还记得儿子出生后我自己的婚姻中出现的失望和争吵，但在了解到很多男性在孩子出生前后就开始了婚外情时，我感到很惊讶。为了充分理解这一点，有必要认识到亲密的力量，即那种能让一个人感到自己被需要并感觉到自己很特别的力量。伴侣彼此依靠，才会感觉到自己被珍视和自己的重要性。当这种基本需要得不到满足时，伴侣就很容易转向其他来源。虽然有些男性会设法在工作中满足自我肯定的需要，但有些男性则容易通过暧昧关系使他们对自己感觉良好。

在我自己以及来访者的生活中，我发现适应为人父母的挑战还有另一个方面。大多数新手妈妈都有一段难以平衡妻子和母亲角色的时期，尤其是在孩子很小的时候。睡眠不足通常会加重母亲的疲惫不堪，因为婴儿的需要是现实而急迫的，所以她把自己的需要放在第二位是正常的。但是，学会如何权衡轻重缓急并平衡丈夫对她的需要，是复杂且有压力的。尽管大多数新手爸爸对家庭的新成员感到兴奋，但他们没有准备好失去与伴侣的亲密。

如果夫妻俩没有时间单独相处，他们的关系会在很多重要方面受到损害。妻子似乎越来越指望从作为母亲这个新的重要角色中得到认可。同时，丈夫会把更多的时间花在工作上，或者花在让他自我感觉很特别和很重要的兴趣爱好上。因为伴侣双方在感情上没有了相互关心，他们必须学会照顾好自己——这一过程通常伴随着怨恨和失望。夫妻双方不再努力一起去面对养育初期的挑战，而是认为他们必须要去争取个人的时间。一种竞争的氛围就产生了，父母双方都在为确保自己的个人需要得到满足而战。当父母从朋友变成对手时，孩子就有麻烦了。

桑普森一家（续）

珍妮特和拉塞尔在孩子出生前都是成功的律师，现在成了我所见过的最势均力敌的对手。无论是在家里，还是在我们进行的婚姻治疗中，他们都会为锻炼身体或回电话所需要的时间长短而争吵。我经常为他们的雄辩和对事例的充分陈述而着迷，以至于忘记了我应该帮助他们进行沟通！尽管他们都认为通过说服对方赞成自己的观点就会在争吵中获胜，但敌对的立场正在扼杀他们之间的亲密关系。当我请珍妮特和拉塞尔描述一个他们梦想中可能最好的生活的未来场景时，他们都跟我谈到了一家人快乐地在一起。尽管场景的背景不同，但分享和亲密无间的感觉在两人的回答中都是生动逼真的。我让他们思考他们之间的竞争模式怎么可能帮助他们实现这个梦想。只有在这时，他们才明白，敌对永远无法帮助他们建立他们都想要的那种家庭。

悲哀的是，婚姻中的紧张和冲突并不是一个可以瞒着孩子的秘密。当我听珍妮特和拉塞尔描述孩子们发泄愤怒的行为时，我一直在思考菲利普·考恩和卡罗琳·考恩夫妇（Phillip and Carolyn Cowan）的一项研究。作为他们的研究的一部分，考恩夫妇与一些家庭保持了长达十年的联系。除了与父母们面谈之外，他们还在不同的时间节点对孩子们进行评估，甚至将老师的评价作为他们的研究数据的一部分。他们发现，当父母失去了婚姻中的亲密，并开始相互竞争时，家庭中的温暖和同情心就会减少。来自这种家庭的学步期的孩子会被描述为更难以相处。当他们在几年后接受评估时，他们的幼儿园老师报告说，这些孩子比他们的同学更难适应。令人高兴的是，随着拉塞尔和珍妮特开始合作并尝试理解彼此的立场，他们找到了更积极回应和支持彼此的方法。几个月后，孩子们的行为问题得到了解决。

不愉快回忆的重现

在与这些父母的交谈中，考恩夫妇了解到了另一个影响许多家庭的重要问题。有几对夫妻在怀孕前似乎过得很好，但从怀孕后期到孩子出生后的第一年，他们的关系开始变得紧张。这些父母都表示，孩子的出生让他们其中一方记起了自己已经很多年没有想起的童年。在所有这些情形中，他们的原生家庭都有冲突、暴力或者不快乐。成为父母会重新唤起他们痛苦的记忆，导致他们变得抑郁和情绪化。如果夫妻俩无法理解和解决原生家庭造成的问题，他们就会形成一种紧张和冲突的关系。他们的孩子可能会在学步期表现出退缩或攻击行为，在之后上学时也会出现问题。

养育作为一种逃避

对于一些夫妻来说，与孩子建立的亲密关系有助于他们逃避婚姻中的问题。虽然他们原本想要孩子是希望通过养育孩子能让彼此之间的关系更亲密，但这种渴望往往掩盖了婚姻中正在恶化的问题。当真正有了孩子时，不快乐的父母往往选择享受与孩子之间的关系，而不是将时间用在令人感到紧张和不愉快的婚姻中。对一些人来说，和孩子待在一起成为逃避婚姻中困难问题的一个借口。这样的父母不是直面问题，而是可能会声称他或她无法陪伴伴侣是因为孩子对于陪伴的过度需要造成的。这样，其伴侣就会为自己想以牺牲孩子的利益为代价从婚姻中获得一些东西而感到自己很自私。琳和马克就是这样一个极端的例子。

琳和马克

当琳和马克开始来找我进行婚姻治疗时，他们已经结婚 10 年了。这对夫妻有两个女儿，据他们描述，她们很聪明，但很害羞和胆小。小女儿艾米容易做噩梦，琳通常希望能安慰女儿，并且最终她整晚都会睡在女儿的床上。

琳在上高三的时候认识了马克。虽然他比她大 10 岁，但她的父母很赞成他们的关系，于是他们在琳上大学二年级时就结婚了。琳的家人一向专横而严厉。她就读的天主教学校强化了她父母的价值观，因此，琳形容自己在遇到马克时非常天真，并且很容易受到他的影响。相反，马克是移民家庭的长子，他的父母由于繁重的工作而在很大程度上忽略了他。为了工作，马克辍学了，并且取得了一定的成就。在他遇到琳的时候，他收入稳定，在自己的事业上很有建树。尽管他的宗教信仰并不虔诚，但他向他的教会捐赠了很多钱——琳和她的家人参加的是同一个教会。

马克给人的印象是一个受人尊敬、保守的人，但他的私生活却恰恰相反。马克非常注重性快感，并向琳介绍了多种性兴奋剂和做法。在他们刚确定关系的时候，琳一直"附和"马克拍各种姿势的私密照片，分享色情体验，甚至通过吸毒来增加性快感。

如果琳感到不舒服，她会有意识抑制这些感受。就像按照父母的要求做一个好女孩一样，她也让自己成为丈夫想要的那种妻子。

琳做了母亲后，情形开始发生变化。因为两个女儿出生的时间相差两年，马克最初接受了琳由于怀孕、哺乳或疲惫不堪而对性爱提出的限制。然而，当两个女儿都进入幼儿园的时候，马克愈发不能容忍琳的借口——她因为太累了，不想做爱。尽管琳想再要一个儿子，马克却坚持他们不会再生孩子。

琳没有向任何人提起过他们的私生活细节以及她的婚姻有多么不幸福。她有一个漂亮的家，两个漂亮的女儿，还有一个受人尊敬、事业有成的丈夫。她也知道她的父母永远不会支持或接受他们分居或离婚。琳也不善于表达自己的感受，不知道如何就不同的性生活与马克协商。马克是一个很有天赋的推销员，他能用说服和自己的魅力让琳放弃她的观点。琳唯一的办法是通过和孩子们的关系来逃避马克。当艾米开始做噩梦时，琳以整晚都待在女儿身边作为回应。也许是感觉到了妈妈的焦虑以及陪伴自己睡觉时的安心，艾米的噩梦持续不断，留下马克独守空床。他对这种情形很不满意，但也无能为力。琳是他一直期待的那种母亲，能够关心和照顾好孩子们。只要艾米真的需要她的妈妈，琳就能脱身。

给孩子造成的问题

当孩子们在父母不能满足彼此情感需要的家庭中长大时，他们会得到信息：生命中最特别的东西不是来自婚姻。孩子、工作、朋友或运动会被认为是带来激情并值得为之献身的领域。相比之下，婚姻似乎让人感到空虚而乏味。当一位孤独的父母通过过度关注孩子来补偿伴侣未曾给予的关注时，这会直接导致有害的后果。年幼的孩子可能会出现情绪或行为问题，"需要"这位父母给予他们过度的关注。年龄大一些的孩子会在维持友谊和其他方面遇到困难。研究表明，那些只与父母中的一方关系亲密，并且父母之间的关系并不亲密的青春期孩子，会有高度的抑郁和焦虑情绪。尽管与同龄人的友情有助于缓解抑郁的症状，但即便如此，符合这种家庭特征的青春期孩子也被发现存在焦虑或其他情绪问题。对于那些声称父母关系不亲密，但父母中有一方与祖父母或外祖父母关系特别亲密的青春期孩子来说，情形也同样如此。这些研究印证了心理学家早已得出的结论：那些与父母过度亲密的儿童和青春期孩子会在成长过程中会遇到更多的困难。这些问题会一直持续到成年时期，而成年后的他们往往也会重复父母的问题，依靠自己的兴趣、大家庭或工作带给他们幸福。

真正为孩子着想的父母，应该审视一下孩子拥有多大程度真正的自由关注他们自己，就像孩子本应该有的那样。当父母在婚姻中得到满足时，创造一种让孩子拥有这种自由的环境就容易多了。确立婚姻的优先地位并不意味着要将所有其他的承诺和忠诚抛到一边，但确实意味着要始终关注伴侣的需要。即使在两个人的需要出现冲突时，也要尊重伴侣和婚姻。

如果父母希望自己的孩子从他们的妻子或丈夫那里找到人生的幸福，他们必须审视自己的婚姻所传递的信息。当孩子们看到他们的父母如此珍视彼此以及夫妻关系时，他们会认识到婚姻是获得满足感和幸福感的一个重要来源。免受其他责任影响的婚姻并不是对孩子的剥夺，而是给予他们预期和希望：有一天，他们也能拥有一个爱自己的伴侣。

问 题

1. 你们两个人每周有多长时间单独相处？这是你们两个人都想要的，还是你们其中一人希望花更多或更少的时间在一起？

2. 你能想出你的伴侣为你做的让你觉得特别的三件事吗？你能想出你为伴侣做的让对方真正感激的三件事吗？

3. 当你想到孩子出生前和出生后与你的伴侣的关系时，你最怀念的是什么？你们共同的生活中增加了什么事情？

4. 你的父亲是如何向你的母亲表明她对自己有多么重要的？你的母亲是如何向你的父亲表达爱意的？你认为他们生活中的优先事项是什么？是工作，孩子，对他们各自大家庭成员的责任，还是对社会的责任？这些优先事项在多大程度上反映在你自己的生活中？

第3章

教给孩子相互依赖的价值

"妈妈和我总是随时相互支持"

我们想要教给孩子们的最重要的一课，是他们不必孤独地过一生。理想情形下，他们与之结婚的人将是他们可以向其寻求支持的人。正如一个年幼的孩子需要父母提供安慰和支持一样，成年人在自己的生活中也需要一个特别的人来为自己提供关怀和鼓励。研究人员和心理治疗师都注意到了这种支持对于保持身体和心理健康的重要性。

听起来好像每个成年人都有这样的需要，但是，对于我治疗过的大多数夫妻来说，实现相互依赖是极其困难的。在我们的社会中，许多成年人都难以接受在情感、生理和经济上依赖他人的观念。今天，独立是所有成年人都应该追求的理想，比以往任何时候都得到了更多的强调。人们如此强调自立，以至于许多人都预期能够靠自己实现所有的愿望。当然，在亲密关系方面，这样做会适得其反。

最近出版和发表的一些关于独立对于男性的意义和后果的书和文章让我印象深刻。在我执业的大部分时间里，我一直努力帮助男性来访者能够更自在地了解自己并能表达自己的感受。大多数男性在社会化的过程中，学会的是无论任何情形都要控制情绪并要坚强，并学会了为服从而不承认自己的脆弱感。但是，在涉及亲密关系时，脆弱感是正常的。令人悲哀和沮丧的是，你会看到男性在很大程度上抛开了自己的情感。他们为实现社会上理想的男性形象所做的努力，与在婚姻中建立相互支持所需要的品质是冲突的。

性别角色和性别社会化

虽然性别角色和性别社会化对于本书讨论的大多数主题都很重要，但它们对于理解支持和依赖的概念也很关键。我们每个人都可以列出一张理想的女人是什么样的清单，再用另一张清单列出理想的男人是什么样的。如果对比我们列出的想法，我们会发现有一些不同之处——尤其是当人们来自不同的年代、社会阶层或种族背景时——但我们的清单中的相似之处会多于差异。例如，大多数人认为理想的女性是有教养的、亲切的，能够热情地回应他人的情感需要。相反，男性则被认为应该是独立的、好胜的、坚定自信且有逻辑的。这些差异并没有生物学或生理基础，而是"习得"的行为。当一位男性或女性被塑造去适应一个不一定衬托他们的基本本性的角色时，往往会导致他们不快乐，甚至会产生焦虑或抑郁等精神问题。

性别决定的角色影响着男性和女性如何对待依赖性，并且两者在这一过程中会以不同的方式遇到障碍。如果一位男性在需要安抚或安慰时，感觉自己太女性化或者太脆弱，他就会将自己的感受隐藏起来。不幸的是，感受并不会消失，它们会找到其他途径宣泄。毫不奇怪，不知道如何忍耐艰难感受的男性会转向酒精或其他麻痹或分散注意力的物质。不能被人分担的压力和紧张也会导致健康问题。当那些对于表达自己的软弱感到不舒服的男性与那些表现出自己脆弱的女性在一起时，他们往往想在自己被压抑的感受被唤醒之前，逃避或阻止这种体验。一种反应是生气；另一种解决办法是逃避或隐藏自己的真实感受。有些男性与自己的温柔情感如此隔绝，以至于他们甚至找不到描述自己的感受的词汇。交谈与其说是一种放松，不如说是一种压力，因为他们很难找到词汇来捕捉和释放他们的内心体验。和一个爱说话的、有洞察力的妻子谈论自己的感受，只会增加这种男性的自卑感和无力感。

在我们的社会中强化的性别理想也会对女性不利。作为她们对亲密关系的需要的一种结果，许多女性不愿因冲突而危及亲密关系，甚至可能会避免思考可能引起愤怒情绪的问题。几位心理学家认为，情感连接会让女性健康成长，她们一想到被拒绝或孤独就会变得焦虑。因此，她们可能难以坚持那些可能会危害亲密关系的想法和愿望。从长远来看，这会导致缺乏真实性，使真正的分享和依赖变得不可能。还有人认为，女性总会将他人的需要放在首位，当她们要求伴侣关注自己时，她们会觉得自己很自私。当然，一个相信自己没有价值的女性不会觉得自己有资格要求自己的需要得到承认或满足。

尽管事实上所有的男性和女性都想感觉到被关心，但是我们在社会化的过程中已经接受或否认了基于我们的性别的某些方面的依赖性。这种差异开始于生命早期，包括男性和女性在社会化过程中给予和接受支持的方式。支持关系的整体概念，对于男孩和女孩来说是完全不同的。男孩是通过"肩并肩"关系的运动和团队活动来了解支持的。女孩则将更多的时间花在面对面交流和分享的活动中。这些差异在成年后就更根深蒂固了，因为女性会寻求情感和语言上的交流，而男性则更愿意通过做一些事情来表达他们的关心。例如，男性更喜欢做而不是说，他们会身体力行地表达自己的感情，比如做爱或送礼物。女性所描述的亲密体验是指那些分享个人想法和感受的经历。在讨论问题的谈话中，男性会尝试提出解决方案，而不是长时间讨论感受。

然而，男性和女性都渴望被关心，当伴侣没能做到时，他们就会感到愤怒和失望。如果依赖性不让人产生那么多负面联想，事情就容易多了。在一个理想的世界中，在适当的时候向另一个人寻求帮助的想法会被认为是正常的并且是促进自我成长的，而不是承认自己软弱的表现。如果伴侣们相信依赖与被依赖的能力可以改善他们的婚姻，他们对表达自己的需要就不那么抗拒了。

为给予和接受支持而变得依赖伴侣之所以重要，是因为这是将幸福婚姻和破裂的婚姻以及不幸婚姻区分开的因素之一。要保证婚姻成功，夫妻双方学会如何建立一种相互连接和相互依赖的感觉是至关重要的，这样双方才能真正实现彼此依赖。夫妻双方要感受到爱和支持，就需要对彼此敞开心扉。最近的研究表明，亲密关系最重要的因素之一就是相互理解。那些理解自己的伴侣对一些问题的看法，并相信伴侣也理解自己的夫妻，才是对自己的婚姻最满意的夫妻。

心理学家理查德·麦基（Richard Mackey）和伯纳德·奥布莱恩（Bernard O'Brien）研究了经过时间考验的幸福婚姻，发现相互支持并不是自然发生的。为了感受到对方的支持，夫妻双方必须首先学会和伴侣谈论自己的心事。虽然大多数丈夫在开始的时候更喜欢做而不是说，但多年后这种情形发生了巨大的变化。结婚 20 年后，那些感到满足的伴侣已经学会了如何一起讨论各种各样的问题。其他研究也证实了学会如何谈论自己的感受的重要性。能够承认和容忍诸如悲伤之类不舒服的感受的男性，最终在自己的婚姻中会更深情。他们分享感受的能力使他们的婚姻更稳定，并且对自己和妻子更满意。

那些在父母双方能坦率地分享自己感受的家庭中成长的孩子有一个很大的优势。那些与妻子有情感连接的父亲，也更有可能与孩子保持情感连接。这一点尤其重要，因为许多男性都后悔自己与父亲之间缺乏亲密关系。那些能与孩子保持情感连接的父亲，有机会扭转孩子在成长过程中压抑和否认情感所造成的痛苦后果。其结果是，孩子们可以自由地向他们的父亲以及母亲寻求支持和情感指导。尤其是男孩，他们会意识到父亲的坦诚并不会削弱他的权力，反而增加了他受到尊重的方式。学会敞开心扉和表达感受也会成为儿子的一种选择。这是我不久前在婚姻治疗过程中得到的一个有趣的意外收获。

保罗和伊莱恩

像许多男性一样，保罗是在一个认为男人应该坚强、有责任感和理性的家庭中长大的。也许这在保罗的家里更为夸张，因为他的母亲是一个焦虑的女人，容易做出歇斯底里的反应。昆虫会让她突然陷入恐慌状态，如果一个孩子擦伤了膝盖，她会大声尖叫，以致于邻居们都跑过来。保罗像他的父亲一样，会嘲笑这种情绪的爆发，变得更加坚忍和克制，并对自己的感受不屑一顾。到保罗在高中遇到伊莱恩时，他已经是一个专注、能干的人，承担起了照顾家庭的角色。他在与伊莱恩的关系中延续了这一模式，伊莱恩的害羞、缺乏自信拨动了他天性中那根保护欲的琴弦。

虽然伊莱恩能够更自在地探索自己的感受，但他们之间很少发生这种类型的讨论。保罗会指责伊莱恩絮絮叨叨、偏离话题，而且他会变得愤怒和恼火。结果，伊莱恩的很多感受都无法表达出来，并且和保罗越来越疏远。保罗变得越能干、越专注，伊莱恩就变得越无能、越消沉。

到这对夫妻开始接受婚姻治疗的时候，他们之间已经积攒了大量未被承认的愤怒和怨恨。保罗不能容忍伊莱恩在管理金钱和家庭方面的缺点，而伊莱恩默默地憎恨着保罗对她的控制和蔑视的态度。他们的孩子是幸福和骄傲的源泉，将这对夫妻维系在一起。然而，大儿子本杰明正处于青春期，变得越来越孤僻。他很少谈论学校或朋友们，当父母试图更多地了解他的生活时，会遭到他的挖苦。

在我了解到这对夫妻的问题——包括极少性生活和缺乏亲密——之后，我让他们评估一下他们对彼此的支持程度。保罗很快回答说，他完全支持伊莱恩，并且照顾了她生活的几乎所有方面。保罗很震惊地听到伊莱恩回答说："我一点都感受不到保罗的支持。他可能会付账单，会联系修理工，但我想他一点也不在乎我的感受。"当我问伊莱恩认为自己是否支持保罗时，她回答说："如果我认为他相信我，我会向他提供支持。"保罗让我很惊讶，他深吸了一口气，然后由衷地说："这是我在这个世界上最想要的。"

保罗开始谈到他感觉多么孤独。他办公室的其他男同事会和他们的妻子通电话，他能听到他们的笑声或者在分享一些似乎很亲密的时刻。相比之下，伊莱恩从来不会打电话给他，而且当他们真正交谈的时候，谈论的往往是需要协调的家务活或是与家庭有关的其他事情。保罗变得很生气，指责伊莱恩不感激自己给予她的一切，也没有回报给他真正需要的东西。

像许多人一样，保罗发现表达愤怒比表达隐藏的孤独感更容易，但是在获得一些鼓励和支持后，他又开始说自己感觉不到爱。他的话似乎与伊莱恩的感受也产生了共鸣，她说自己和他一样希望能找到一种不同的相处方式。我对保罗说，他为这个家庭所做的一切安排和计划似乎都是出于爱的表现，但是我很奇怪，对于一个付出这么多爱的男人来说，怎么会有一个感觉不到一点爱的妻子。起初，保罗很难理解，但随着这对夫妻继续交谈，保罗能够看出来，当他接管伊莱恩在做的事情时，伊莱恩感到的是被轻视而不是支持。他可以通过倾听伊莱恩的观点和感受来表明对她更多的支持，即使她开始东拉西扯，并且不能有效地说到点子上的时候。正如伊莱恩解释的那样："当我开始说话时，我并不总是知道我有什么感受，但如果你给我一个机会，你只需倾听就能给我很大的帮助。"

保罗承认，他在任何事情上都很难弄清楚自己的感受。"我认为我从来没有花时间去真正想过自己的感受。我想，我从小到大一直相信，即使我有感受，也没有人会为此做些什么。"这也是保罗的父母婚姻中的模式，在他们的婚姻里，感受要么被嘲笑，要么被置之不理。当保罗告诉我更多关于他父母婚姻的事情时，我也看出了要他承认对伊莱恩的依赖所面临的挑战。在保罗的家里，女性被认为是没有理性并且完全不被信赖的，从而强化了男性必须完全自立的信念。但是，这种相处方式对保罗和伊莱恩都不适用，当他们意识到小时候的经历在多大程度上支配着他们现在的生活时，他们开始致力于创造一种不同的婚姻。

我们在治疗中所做的工作，帮助保罗认识到了自己的不足之处以及他的焦虑，他以前过度关注伊莱恩的缺点，反而忽视了自己的感受。对伊莱恩来说，倾听和回应并不是一件容易的事，因为她认为自己无能为力，所以她需要一个坚强并且能照顾她的伴侣。然而，随着伊莱恩开始认识到自己的力量和能力，她变得更自信，能够允许保罗表达怀疑、担忧和恐惧了。保罗开始与伊莱恩交谈，并以倾听和关心为她提供支持，而不是替她解决问题或者直接将问题接管过来，他为自己的这种能力感到自豪。

当这对夫妻变得更加善于表达感受并相互支持的时候，本杰明发生了一个有趣的变化。在无意之中听到父母的交谈并探究他们对不同事物的反应的几个月之后，他突然开始表达自己的感受。本杰明对他的父母很生气，并且有一张记录着他们在不知不觉中"处理不当"的事情的记分卡。我不确定我除了静静地听着他一连串的指责之外还有什么办法，而且令我印象深刻的是，整个过程中伊莱恩和保罗都一直耐心地陪在孩子身边。当本杰明讲完时，保罗只是说："我很高兴你能告诉我们你的感受。这将使我们从现在开始以不同的方式相处成为可能。"本杰明的声音能够更经常被听到了，他与父母说话时那种挖苦的语气也不见了。

在情感上对孩子敞开心扉

如果丈夫们不能容忍自己的感受或妻子的感受，他们肯定不知道如何对待孩子的情感脆弱。如果父母想要帮助孩子理解和克服难以处理的情绪，他们首先需要有能力处理好自己的情绪。最近的研究说明，父母认可和回应孩子的感受有多么重要。那些情感上亲密的伴侣对孩子不那么强烈的情绪也很敏感，并且能够帮助孩子谈论自己的感受。如果他们的孩子感到悲伤或不安，他们能够理解孩子的情绪，然后帮助孩子想办法处理这种情形。

相反，有许多家庭不善于情感表达，并且往往不理会孩子的反应。这些父母通常很爱自己的孩子，并且想要帮助孩子，但由于他们不知道如何安抚自己的情绪，他们倾向于否认或不理会孩子的情绪困扰。例如，他们可能试图通过逗孩子发笑或引入一个愉快的话题来转移孩子的注意力。他们可能传达了一种信念，那就是不好的感受不用细想。因为感受会造成他们的不安，他们很容易失去耐心，并且会通过话语或手势告诉孩子要"想开点儿"。孩子会因此错过学习如何缓解不愉快的感受以及如何将情感当作重要信息来源的机会。

但是，后果还不止于此。当孩子们在情感上受到父母的"指导"时，他们会学会如何调节自己的情绪，并从许多方面获益。因为这些孩子不会被感受搞得不知所措，所以当他们烦恼时不会变得思绪混乱，而是可以把注意力集中在必要的事情上，比如学校的功课。除了能够与朋友和同学融洽相处之外，他们不太可能出现行为或健康问题。他们在学校也表现得很好。一项研究表明，那些在情感上得到父母回应的孩子，与那些在情感上被父母置之不理的孩子相比，在阅读和数学方面取得了更好的成绩。

当孩子被当作情感寄托时

当女性感觉不到与伴侣的情感连接时，整个家庭就会出现问题。心理学家苏珊·惠特伯恩（Susan Whitbourne）和乔伊斯·埃布米尔（Joyce Ebmeyer）对一些结婚超过20年的夫妻进行了研究，以了解随着时间的推移夫妻之间是如何彼此适应的。她们发现，在结婚的前几年，那些很难与伴侣建立亲密关系的女性会试图刺激丈夫与自己交谈，或是对丈夫的微妙暗示变得极度敏感，以便自己做出回应。几年之后，这些女性中的大多数都放弃了，她们说自己已经精疲力竭，开始从别处寻求亲密关系。另外一些不太可能从丈夫那里获得亲密关系的女性，一开始会否认自己的孤独，还会以丈夫专注于其他事情为借口。但是，随着时间的推移，这些借口会逐渐消失，这些女性最终会认识到，她们永远不会以她们希望的方式得到丈夫的关心和支持。像其他处于相同处境的女性一样，她们最终会对自己的伴侣感到厌烦，转而从其他关系中寻找亲密感。虽然有些父母会转向自己的朋友或兄弟姐妹寻求亲密感，但不幸的是，也有些父母会转向孩子。当父母向孩子寻求这种情感寄托时，总是会出现问题。

对于孩子们来说，为自己的父母提供支持和安慰是很自然的，因为拥有幸福的父母对孩子的成长是最有利的。虽然在一个孩子身上找到这种共情和同情心是一种优势，但是，这对一个被用来弥补婚姻关系中的缺陷的孩子来说，是不公平和不健康的。这个孩子不再是一个孩子了，反而被赋予了他在很多年里都不应该承担的责任。有些孩子在这种情形中表现得很好，并且变成了看似完美的"小大人"。他们甚至很喜欢当那个"最被喜爱的孩子"，天经地义地拥有特别关注。但事实上，他们却背负着不公平的负担。最终，为一位父母的幸福承担责任要求他们牺牲自己的需要。这就是麦克尼尔一家的情形。

麦克尼尔一家

我之所以注意到罗伯特·麦克尼尔，是因为他父亲的酗酒问题。爱德华·麦克尼尔在被上司质问最近缺勤的原因并说知道他周末酗酒之后，他主动去了戒酒门诊进行治疗。爱德华是一个沉默寡言的男人，在其他各个方面都是一个完美的雇员。当戒酒顾问建议罗伯特一起参与心理治疗时，他的父母都震惊了。罗伯特11岁，是一个"完美"的孩子：一个听话、有礼貌、出色的学生。罗伯特的母亲黛安根本无法想象，如果没有这样一个体贴、可爱的孩子，她如何能熬过丈夫酗酒的煎熬。

罗伯特本人并不信任与我的面谈。他应我的要求画的画也很克制，并且中规中矩。不像我评估过的其他孩子，他没有对我的观察说任何话。在他画完后，我问他是否想要保留自己的画，或者是否可以送给我。罗伯特的回应是将他的画揉成一团，并且说："画得一点儿也不好。"当我让罗伯特谈谈自己家里的情形时，他耸了耸肩，眼睛看向了别处。他对于一对一的谈话的不适感让我们在这次面谈中都感到不自在，我无法打破这种不信任的屏障。来自酗酒家庭的孩子往往不敢透露家里的秘密，但我担心罗伯特的问题过于严重，并担心他有潜在的低自尊问题。我的建议是进行家庭治疗。

罗伯特在父母面前比较放松，但他仍然是个沉默寡言而且过分拘谨的孩子。他很清楚父亲酗酒成性，当妈妈因为爱德华在外面待到很晚不回家而哭泣的时候，他会去妈妈的房间陪伴她。黛安曾希望爱德华不用专业帮助就能控制饮酒。她对于自己的家庭出现问题感到很尴尬，因为对她来说，在社区中保持良好的形象很重要。在罗伯特出生之前，黛安在当地的学校教书，并且她作为一位优秀的母亲和家庭教师协会的志愿者备受尊敬。事实上，罗伯特的沉默寡言在他的父母看来不是什么大问题，因为黛安和爱德华都不觉得自己是个外向的人。但当我指出罗伯特似乎不喜欢他自己的某些方面，以及我担心这个"完美"的外表下是一个有很多未表达的情感的孩子时，黛安和爱德华都感到很不安。

除了酗酒，他们的婚姻中还有其他明显的问题。黛安结婚很晚，和爱德华没有太多共同点。除了种族背景不同，他们童年时期的家庭经济状况也不一样。黛安对音乐和艺术充满了热情，但爱德华却没有什么兴趣，他认为罗伯特去上小提琴课并和妈妈二重奏是愚蠢的。爱德华心目中的快乐时光是和"小伙子们"看橄榄球比赛、吃椒盐脆饼、大口喝啤酒，然而黛安认为这是一种令人厌恶的浪费时间的活动。在我看来，罗伯特被夹在中间，他每天都会尽职尽责地练习小提琴，然后到操场玩橄榄球。父母之间的分歧从未被讨论过；双方都故意不理睬对方的观点，却希望有那么一天情形会有所改变。尽管父母双方不喜欢彼此，但他们都很爱自己的儿子。然而，随着爱德华酗酒越来越严重，罗伯特会在家陪伴母亲以免她感到孤单，他成了那个填补空缺的人。无论他有怎样的愤怒或怨恨，都会埋在内心深处，他一直都在扮演一个完美的儿子，却忽略了自己的感受。幸运的是，麦克尼尔夫妇能够参与到心理治疗过程中，去处理困扰他们儿子那么长时间的婚姻中的紧张关系。

当"父母化"的孩子长大之后

不幸的是，为没有从婚姻中得到足够亲密的父亲或母亲提供情感支持所产生的问题，并不局限于童年时期。当一个孩子以这种方式被依赖时，这种自我牺牲和承担的责任会导致怨恨，而这种怨恨可能直到孩子成年后开始约会，并承担亲密关系中的风险时才会完全显现出来。如果亲密关系意味着为了照顾别人而失去自我，那么亲密关系就不值得追求。那些为父母提供情感支持承担了太多责任的孩子，往往会逃避成年人的义务，或者选择一个需要他们照料的人作为伴侣。很多时候，他们会被那些不信任或憎恨亲密关系的人所吸引，无意中重蹈父母婚姻的覆辙。

当一个人早期的生活经历教会他不信任他人时，他会变得害怕与他人过于亲近。依赖另一个人的关心和安慰会造成一种脆弱的状态，因为如果伴侣不能或不愿意合作，自己会不可避免地感到失望。因为总是有被拒绝或失望的风险，夫妻双方必须要信任对方的善意。如果一个人对别人感到非常失望，那他就不太可能去冒险信任别人。否认这种渴望关爱的重要性，比承认自己的愿望并在之后体验到被剥夺会安全得多。也许，这就是那些在童年时失去父亲或母亲的孩子往往难以依赖他人的原因之一。然而，那些看到父母对彼此有所保留的孩子，长大后也会怀疑他们是否可以相信别人能够对他们的需要做出回应。

这就是艾琳和鲍勃的遭遇。

艾琳和鲍勃

艾琳和鲍勃以前接受过婚姻治疗，但是在五次治疗后就放弃了。现在，六年过去了，他们非常痛苦，处于离婚的边缘。艾琳一想到要宣布分居就害怕，因为她是一个非常注重隐私的人，讨厌别人知道自己的事情。鲍勃虽然感到孤独、不快乐，但仍然希望能够挽救他们三十年的婚姻。两人都认为他们的主要问题是沟通：他们根本无法解决他们的分歧。当这对夫妻无法做出双方都能接受的决定时，鲍勃最终会很生气，艾琳会连续几周躲着他。多年来，这种紧张和疏远的经历主导着他们的关系，这对夫妻的亲密关系几乎要消失殆尽了。

艾琳和鲍勃是在一个共同的朋友家里认识的，两人当时都是二十多岁。虽然他们是一对很有魅力的夫妻，但他们的外貌却截然不同：鲍勃皮肤黝黑、个子很高，艾琳个子娇小、皮肤白皙。他们的家庭背景也非常不同，鲍勃是一个工薪阶层家庭的长子，而艾琳是一位经济上成功的商人的女儿。然而，他们都非常聪明和风趣。当他们之间的紧张气氛得到缓和后，两个人都会露出极具感染力的微笑。

在鲍勃 11 岁时，父亲突然去世了，留下了没有人寿保险的母亲，还有需要抚养的三个孩子。尽管母亲在鲍勃 16 岁时再婚，但那几年她的生活压力很大。鲍勃尽可能从事各种工作来帮母亲赚钱，养家糊口。但更重要的是，鲍勃已经成了家里的"男人"。他的母亲会跟他谈论她日常生活中的艰辛和烦恼。

艾琳的家庭经济上很富裕，但情感上却很动荡。据艾琳说，她父亲脾气暴躁，动不动就大喊大叫地发脾气。他发脾气的大部分对象是他的妻子，他认为她无能并且在情感上要求太多。她需要帮助或关注的请求会引来嘲讽或愤怒，他会因为最轻微的弱点而嘲笑她。艾琳是父亲最喜欢的孩子，选择她是因为她的智慧、她的美丽，以及在受到挑战时勇敢地与他斗争的能力。在父母的争吵中成长的艾琳压力很大，部分原因是母亲一再试图让她的女儿保护她并支持她。在艾琳心里，她对父亲和母亲都很排斥，但尤其鄙视母亲对情感的拼命索求。

　　有时候，夫妻的行为比他们的言语更能说明问题。在我们第二次面谈时，鲍勃的金项链掉到了腿上。在接下来的五分钟里，他一边参与谈话，一边笨手笨脚地试图自己系上项链。最后，我打断了他，问他是否想过向艾琳求助。他似乎被我的问题震惊了，回答说他从来没有想过这个主意。当我问艾琳他们两人是都不帮助对方，还是只有鲍勃这么独立，她回答说她几乎不记得要求丈夫帮过什么忙。她总是确保自己能照顾好自己。为了照顾两个孩子而停止工作的那几年对她来说是非常艰难的，于是她找到了一份能让她尽快自己挣钱的工作。

　　当我了解到鲍勃在童年时期承担了过多的责任时，我认为我对他的独立需要有了一些理解。他的母亲无意中剥夺了他的大多数青春期孩子所享有的自由，她的忧虑和需要让他感到压抑。由于丈夫的突然意外死亡，她总是密切关注鲍勃的行踪，要求知道他要去哪里以及什么时候回家。不用说，即使他晚回家五分钟，她也会非常焦急。但鲍勃是一个顺从的儿子，尽管他讨厌母亲的焦虑和对亲密的需要，但他从来没有反叛过。但是，这只是其中的一部分情形。当我问到鲍勃父亲去世前他父母的婚姻情形时，他说他几乎什么都不记得了。他解释说，他对父亲的记忆非常少，以至于他所说的任何情形都是基于从别人那里听来的故事。

　　随着我继续探究鲍勃的记忆，他平静的外表开始动摇。泪水涌上了他的眼眶——尽管当我向他指出这一点时，他说他不知道自己为什么会哭。我问鲍勃，他是否曾为自己的父亲感到难过，是否为在那么小的年纪就失去这个特别的人感到痛苦。鲍勃恢复了他那冷漠的镇静，他觉得他或许不能这样做，因为母亲一直沉浸在悲伤中，需要他来维持这个家庭的运转。我向鲍勃指出，他内心可能有许多复杂而痛苦的感受——那些属于父亲离世的一个11岁男孩的感受。他生活中的挑战是要学会如何接受这些感受，以摆脱使他筋疲力尽的沉重负担，并要相信自己可以亲近艾琳，而不必担心她也会离开自己。

听了这些话之后，艾琳说鲍勃冷漠地否认自己的感受可能是他们婚姻中最大的问题。这使他难以像朋友一样和她相处，因为他无法容忍自己的感受，也无法容忍她的感受。所有讨论在他们变得情绪激动的那一刻就结束了。我向艾琳指出，鲍勃的自立和理性并不是什么新特质，在他们约会并决定结婚时，这种特质就已经很明显了。这些特质给她的生活带来了什么，让她觉得鲍勃是一个值得爱的可靠的人？艾琳开始谈论自己的父母，以及她如何感觉自己被父亲和母亲困住了。她的父亲会将自己的意志强加在她对朋友和爱好的选择上，他是一个不容易被挑战的人。她的母亲似乎总是想和她交朋友，但艾琳怀疑母亲的真正动机。艾琳觉得如果自己允许的话，母亲就会试图占有她，并占有她所有的时间。在这些方面，艾琳觉得别人的需要会让她感到窒息，并且被剥夺了过自己生活的权利。艾琳还认识到暴露任何缺点都是不安全的。她对父母婚姻的记忆，使她害怕如果她暴露出哪怕最轻微的弱点，鲍勃可能都会嘲笑或看不起她。最重要的是，艾琳厌恶她母亲的脆弱和父亲的愤怒。

鲍勃冷静的举止使艾琳感到安心。只要他们之间的事情进展顺利，艾琳就会感到安全和满足。但是，当她开始感到愤怒或伤心时，她就会变得焦虑不安，并对自己感到不满意。我几乎没有解释，艾琳很快就领悟到，她讨厌自己愤怒的一面，因为这会让她想到自己的父亲，讨厌自己脆弱的一面，因为这代表着她的母亲。她还看到，鲍勃的自立使她相信，与她童年的经历相反，在两人的关系中，鲍勃不会对她有任何要求。鲍勃冷漠的外表之所以一开始吸引了她，是因为这抑制了她多情的一面。然而，当事情进展不顺利时，他们无法去处理和讨论必须被认可的感受，以便达成相互理解和可接受的解决办法。

互惠原则

在婚姻中形成的相互依赖还涉及互惠。伴侣之间会形成一种不言而喻的契约，平衡双方的给予和获取，从而让彼此产生一种公平的感觉。这种交换考虑到了公平，因为伴侣双方会轮流为对方和婚姻提供不同的服务。这样，伴侣双方都可以为对方做出自我牺牲，而这种牺牲的基础是预期对方在另一时刻或以另一种方式会同样这么做。当事情进展顺利时，伴侣双方会觉得他们在生活中并不孤单，或是要对自己的幸福负有全部责任。这是一种相互关心和相互照顾的幸福感。对于成功的长期婚姻和婚姻满意度的研究一再表明，公平和公正是其最重要的因素之一。

多年来，我发现，和已经形成这种相互支持关系的夫妻相处是非常愉快的。这些伴侣为彼此幸福做出的贡献是显而易见的，而且在他们的情感接受能力和响应能力上得到了证实。伴侣之间相互付出的越多，拥有以及回馈给彼此的也越多。在这种环境下长大的孩子会看到他们的父母是如何在困难时期互相帮助的。他们可以感受到父母在相互照顾中形成的亲密关系。在这些孩子的眼里，婚姻是一个人们会受到保护、爱护和支持的所在。

能够相互支持的婚姻会建立一种使得养育和照顾孩子变得更容易的家庭环境。因为孩子们对家里的总体情感基调非常敏感，当父母相互支持时，孩子们就会茁壮成长。事实上，有关婴儿的心理学研究表明，那些相互支持的父母是更体贴的照料者，养育的孩子似乎更有安全感。这些家庭的孩子更少出现问题，并对生活表现出更强的适应能力。

当父母相互支持时，婚姻会成为一种使双方能够处理婚姻之外的压力和问题的资源。许多拥有幸福婚姻的人都经历过可怕的问题，包括贫穷、种族歧视、危及生命的疾病和身体残疾。但是，那些知道如何相互依赖的夫妻不会让逆境伤害他们的婚姻，而是会发现一种充满爱意、相互支持的关系来帮助他们应对最严峻的挑战。我想告诉你一个我曾经认识的家庭，他们在危机时刻互相支持的能力非常了不起。

史蒂文·刘易斯

一天，我最喜欢的一位儿童医院神经科医生小心翼翼地来找我。"我知道你不常和我那些患有肌肉萎缩症的病人打交道，但你能帮我个忙，今天下午顺便来一趟诊所吗？我有个坏消息要告诉我认识很久的一家人。"9岁的史蒂文是家里四个孩子中的第三个，也是最小的儿子。他的哥哥在刚开始上学时就被诊断出患有杜氏肌肉萎缩症，已经坐了五年的轮椅。遗传咨询从父母双方家族的前几代中发现了一种家族联系，尽管父母双方在长大成人的过程中都没有患有这种疾病的直系亲属。这对夫妻已经知道杜氏肌肉萎缩症发生在男孩身上的几率比女孩大，但通常在孩子六七岁时就会有迹象。全家人齐心协力，帮助他们的大儿子大卫学会了应对他肌肉力量的逐渐丧失。当史蒂文过了七岁和八岁的生日，并且能爬树、能打出本垒打时，他们默默地感到非常开心。但史蒂文最近开始跌倒，家人又想到了大卫的早期症状。

在这家人与医生约定见面的那一天，即在史蒂文确诊的那天，我旁听了医生与他们一家的谈话。与其他逐渐了解自己病情的孩子不同，史蒂文对自己的未来非常清楚。他经常帮哥哥穿衣服，把哥哥推到后院。现在，这家人不得不面对残酷的未来：他们要照顾两个罹患疾病的儿子，还要忍受两个儿子都早逝的现实。医生证实了大家都知道的事情，史蒂文的父母手牵着手，强忍着泪水。他们没有失去对上帝的信任，但他们也没有期待会发生奇迹。他们接受了上帝赋予他们的生活，并从坚定地站在一起中获得了力量。史蒂文的妈妈爱丽丝告诉我，她度过了很多沮丧的日子，但弗兰克总是陪在她身边，给她一个可以依靠的肩膀。当弗兰克无法很好地应对时，她知道只要她能安慰他，他们就能一起渡过难关。

他们从医生的观察中获得了一些希望，因为史蒂文第一次出现症状的时间比大多数孩子都要晚，他的病情发展可能也会比较缓慢，但他们知道儿子追逐棒球的日子不多了。弗兰克对我说："我们会竭尽所能。只要史蒂文喜欢棒球，我们没有理由不一起看比赛，只要他愿意，他就可以继续收集他的棒球卡片。轮椅上的生活会有很大不同，但只要你有爱你的家人，你就有理由继续生活下去。"尽管有痛苦和挣扎，但弗兰克和爱丽丝仍然会一起欢笑，并抽出时间单独外出。他们竭尽所能利用自己所拥有的一切决心，保持了家庭的坚强和活力。

学会依靠他人

在那些伴侣之间缺乏相互支持的婚姻中，夫妻双方会对彼此感到失望，并开始相信他们必须要首先照顾好自己。当我遇到这类伴侣时，会听到他们抱怨自己的伴侣自私或以自我为中心。他们总是以个人为基础行事，很少有寻求或提供温柔情感的例子。他们只会在不与自己的优先事项冲突或不影响个人优先事项的前提下给对方提供帮助。

那些在这方面有困难的夫妻也经常跟我说，他们相信自己向伴侣提出任何要求都是不利于自己的。在这种婚姻中，有一种与基于对义务的恐惧相似的不信任感。如果接受了一次帮助，也就欠了对方一次帮助。隐藏在这种恐惧之下的是对被利用的预期，以及对作为交换要付出的代价将超过所得利益的畏惧。

在这种家庭环境中长大的孩子会非常清楚地觉察到父母的分离状态。即使没有公开的冲突，他们也能看到自己的父母内心深处的自我并不信任彼此。那种你只能依靠自己的信念渗透到了日常生活中，并教给孩子要同样避免依赖。在成长的过程中学会了这一点的孩子会认为在婚姻中时刻需要保持警惕。在反复听到自己的母亲或父亲是多么自私之后，他们可能会相信人都会利用别人，自给自足才是最安全的。

如果孩子们在成长的过程中相信他们的需要会得到尊重，他们的爱会被接受并得到回应，那他们就必须能在父母的婚姻中看到这一点。当父母能够相互支持和关心时，他们创造的家庭环境能够提供有利于所有家庭成员的情感资源。最重要的是，他们教会了孩子们一点，那就是人是可以信任和依赖的。

问 题

1. 当你心烦意乱以及想倾诉时，你会找谁？如果你试着和伴侣交谈，事情会显得更好还是更糟？

2. 你更喜欢事实还是情感？你的伴侣更喜欢事实还是情感？

3. 当你说话的时候，你的伴侣真的在听吗？你认为你的伴侣记得过去让你烦恼或不安的事情吗？

4. 当你烦恼时，你的伴侣会用什么方式让你感觉好一些？你会为你的伴侣做什么？

5. 你的孩子多长时间知道一次让你或你的伴侣感到心烦意乱的事情的细节？你多长时间知道一次你的父母的这些细节？

第4章

灌输相互尊重的重要性

"和你的爸爸／妈妈结婚是我做过的最美好的事"

很多心理治疗师相信，自尊是心理健康的基石。有了健康的自尊，就有勇于冒险、承担风险，并全身心投入生活的勇气。由于其重要性，临床心理医生和研究人员已经将研究重心集中在了解孩子如何发展自尊以及父母如何鼓励他们的孩子建立自信。心理分析学家海因茨·科胡特 (Heinz Kohut) 开发了一种名为"自体心理学"[①] 的心理分析分支，他强调一个始终如一的照料者及其作为证实孩子的重要性和价值感的"镜子"的重要性。虽然父母和孩子之间的关系无疑会促进孩子的幸福感，但孩子也深受父母相互之间表现尊重的方式的影响。

尊重是通过观察习得的，但更重要的，也是通过认同习得的。随着儿童心理的发展，他们会通过认同过程"接受"父母的某些方面。孩子可能会从模仿某个特征开始，但最终他会把它看作是他自己整体的一个部分。一位充满自我怀疑的母亲，几乎无法给

①Kohut, Heinz. "Thoughts on Narcissism and Narcissistic Rage."*In The Search for the Self*, edited by P.H.Orenstein, New York:International Universities Press, 1978.——作者注

她的孩子提供能让孩子汲取或希望认同的自信。

孩子们会非常清楚地意识到父母中每一方对各自和对方的尊重。通过行为和言语，伴侣之间传递着他们有多么欣赏和重视对方。孩子想象着自己扮演母亲或父亲的角色，就会形成一种认同和对自己的看法，其中包括感知到的尊重。当父母互相称赞或赞美时，他们传递的相互尊重的信息会被孩子完全吸收。当父母互相贬低对方时，会在孩子内心造成不安和冲突。

在伴侣的互动中，自尊还会以其他方式表现出来。一个自我感觉良好的成年人会期待他人以公平、尊重的方式对待自己，并且能够为确保这一点而坚持自己的权利。同样，一个自我感觉良好的成年人，不需要为感觉良好而贬低自己的伴侣。如果父母在互动中贬低对方，他们双方的形象都会受损，并且会成为孩子身份认同问题的根源。

父母之间的不尊重也会给孩子留下一种认为婚姻是不安全之所的印记。大多数孩子在成长过程中都渴望感受到自己被重视并且是成功的，虽然他们的天赋和努力可能会让他们在生活中的许多领域——无论是在体育、学习或音乐上——都表现出色，但建立亲密关系所需的技能并不以这些成就为基础。正如我们已经看到的，一个正在学习夫妻如何相处的成年人会无意识地求助于对父母婚姻的记忆和蓝图。目睹父母互相羞辱或不尊重的经历，会产生一种预期和恐惧，认为这就是婚姻中的成年人对待伴侣的方式。当父母相互损害对方的自尊时，其结果对孩子来说可能是毁灭性的。

尽管两个成年人相互贬低的过程会造成一种令人不安的印象，但如果只有一方遭到贬低，其结果也是同样危险的。在这种情形中，需要考虑到被贬低的父母的性别和孩子的性别。虽然有许多可能的结果，但我所接触的来访者表现出的特定模式对他人来说可能是共同的。

女儿和不受尊重的母亲

母亲和女儿之间的联系应该是直接的，因为母亲是孩子第一个爱的客体。爱妈妈和想要成为像妈妈一样的人是很容易联系在一起的。但是，当一个女儿发现她崇拜的那个女人不被别人欣赏时，她与母亲的关系和她的认同就会受到考验和玷污。当明枪暗箭来自父亲时，情形就会变得更加糟糕。

如果一位妻子被她的丈夫贬低，他们的女儿有两个选择。第一个是选择更紧密地认同自己的母亲并损害自己的潜能。她的伴侣将会是一个她看重他甚于自己的人，而且她更有可能重复自己母亲的不幸。她的另一个选择是选择更认同她的父亲，并追随他的成功之路。她在学校、职业和保持友谊方面可能会很优秀，但在爱情方面，她会有可以预见到的问题。任何与她父母的婚姻太相似的关系，都会让她想起她的父亲是如何对待她的母亲的。在一个只有丈夫才能出类拔萃和获得幸福的世界里，她害怕变得像她的母亲那样，这会导致她几乎不可能建立起亲密关系。

苏珊

在和一个被朋友们称为"完美先生"的男人进行了一次痛苦的相亲之后，苏珊开始找我接受治疗。她能看出来为什么她的朋友们觉得他有吸引力、很有趣，但她却完全不能理解为什么她会觉得他沉闷，并且和他在一起很有压力。她的这种不适导致她喝了很多酒，并且表现不好。35岁的苏珊在自己的传媒事业中很成功，但在个人生活上却很孤独。她唯一有意义的恋情是在意大利度假时开始的一段短暂的异地恋。总的来说，她发现自己容易被欧洲男性吸引，但是对于遇到的美国男性却完全"无感"。

苏珊很自豪自己是一个富有创造力和精力充沛的人。她是一个虽然有点胖但很有魅力的女人，她对自己的事业非常投入，并且在相对较短的时间内获得了几次晋升。她有几个亲密的女性朋友，但她们几乎都已经订婚或刚刚结婚。苏珊感到自己被忽略了，但也对她们的"家庭"趣事感到厌烦。她们要生儿育女的计划同样令她苦恼；她无法想象成为一位妻子和母亲会多么有趣和愉快。

在治疗中，苏珊最初不愿意谈论她小时候的家庭生活。她把她的父亲描述成是一个聪明、充满活力的商人，在生活的各个方面都很成功。他经常因为工作去欧洲出差，回家时会给他唯一的孩子带玩具娃娃和好吃的零食。相反，母亲则被描述为是一个无聊、忧愁的女人，基本上是在浪费自己的生命。当我问苏珊从父母的婚姻中学到了什么关于亲密关系的东西时，她停顿了一下。然后，苏珊回答说，父亲表现得不像是很喜欢自己的妻子的样子，当然也不尊重她。"没有人认为她做出了任何有价值的贡献，或者认为她有任何特别之处。"

在我看来，苏珊在约会方面的问题与她对母亲的感受有很大的关系。苏珊对她的母亲的反感是很明显的。在她的公寓里，有一个相框，照片里她的父亲搂着一个迷人的、正在微笑的女人。虽然她的大多数朋友都认为这是她父母的照片，但事实上，这是她父亲和一位邻居的照片。苏珊说："我过去总是把另外一个人想象成是我的母亲——一个更老练、更有趣的人。"

虽然苏珊对她母亲的感受是母女关系的产物，但在我看来，很明显苏珊的父亲对他的妻子是不尊重且不重视的。苏珊认为她的父母如果没有孩子，他们可能已经离婚了。她记得父亲曾经当面或者在背后斥责她的母亲愚蠢。他是一个有才华和想法的人；她没有什么想法，只是按照他的计划去做。当丈夫外出旅行时，她特别沉默寡言。

苏珊和我开始探究她从观察她父母的婚姻中，对作为一个妻子了解到了什么。苏珊的母亲不外出工作的决定，对于她那一代的女性及其经济地位来说是很典型的，但是在苏珊的家庭中，这导致她完全不被尊重。苏珊的父亲被看作是有趣而有成就的，而她的母亲则是无聊而无用的。在苏珊看来，父亲具有一切有活力且值得拥有的特质，我怀疑在她父母看来也是这样。他看不起他的妻子，并鼓励他的女儿以同样的方式看待她。母亲无法维护自己的权利，这让苏珊相信妻子不是有价值的人，而是生活空虚的能力不足的女人。

虽然苏珊并不钦佩她的母亲，但她已经对母亲形成了一种认同。不管她喜不喜欢，她的某些特质让自己成为了她母亲的女儿。随着苏珊年龄的增长，通过她的成就证明她根本不像她的母亲，变得更加重要。她的职业和在欧洲的假期强化了她对父亲的认同。

在治疗中，我帮助苏珊把她对美国男性的厌恶与她从父母婚姻中学到的教训联系起来。苏珊不愿意与美国男性约会，这表明她是多么害怕被"强迫"过她母亲那样不幸福的生活。她对约会的厌倦感来自于认同自己母亲的那部分的她。在我的支持下，她能够开始谈论她对像她母亲那样失去自尊和活力的恐惧。当她开始明白她对亲密关系的恐惧是如何建立在她从未挑战过的假想之上时，她变得不再那么戒备，也更容易接受她周围的男性了。虽然这个过程需要很长时间，但她不再认为爱一个男人会让她失去她所珍惜的一切。

儿子和不受尊重的母亲

如果妻子不受尊重，男孩也会受到这种婚姻的影响。虽然他们更容易认同成功的父亲，但他们经常因为允许母亲受到恶劣的对待而在内疚中挣扎。如果所有的女性都被认为基本上是不称职或不重要的，他们也会质疑婚姻的吸引力。他们可能会被一位坚强的女性所吸引，但又觉得受到了威胁而不愿发展亲密关系。这种威胁来自父母婚姻的蓝图，在这种蓝图中，伴侣中只有一方被允许出类拔萃并得到认可。爱一个不比自己差的女人意味着要冒着失去无可置疑的权利和优越感的危险。通常情形下，男孩在缺乏尊重的婚姻蓝图的影响下，长大后会选择一个在很多方面能力都不足，并且需要依赖于他的伴侣。他对伴侣的照顾减轻了他在与母亲关系中感到的内疚，但最终，他的负担会导致他对自己选择的不对等伴侣的怨恨和不尊重的态度。这正是罗伊和简的情况。

罗伊和简

罗伊是在简大学暑假期间做餐馆服务员的时候认识她的。尽管罗伊每天都坐在同一个位置吃午餐，简却很少注意到他。然而，有一天，罗伊带来了他的两个年幼的儿子，简看到了这个通常唐突而冷漠的男人温柔和体贴的一面。那天之后，简对她的老主顾更感兴趣了，她认真地听他讲他前妻吸毒的事，以及他如何得到了孩子们的单独监护权。一天下班后，罗伊开始和简约会，两周后她搬进了他的家。

简是家里三个孩子中最大的，她的父母酗酒并总是参加聚会，基本上无暇顾及她。她的母亲是一位坚强的争强好胜的女性，对女儿生活的方方面面都提出过批评。在遇到罗伊之前，简觉得自己毫无价值。罗伊对她的兴趣就像她母亲恶毒言辞的解药，她把遇到罗伊当成是发生在她身上最美好的事情。尽管罗伊有些自以为是，有时还很固执，但为了维持和谐，简会遵从罗伊的决定。

在他们刚结婚的时候，罗伊很喜欢照顾简。最终，他希望她能自己做更多的事情，并试图帮助她变得有条理。例如，罗伊会给简列出一张需要处理的事项清单，帮助她关注该做的家务。简暗自厌恶罗伊的清单和他高傲的态度，但又怕惹他生气。尽管她试图把自己的感受藏在心里，但她开始觉得越来越不喜欢性爱，并开始"忘记"罗伊的清单上的事情。

这对夫妻结婚三周年纪念日刚过，便开始找我接受婚姻治疗。罗伊提出进行这种治疗，是要帮助改善他们的性生活并帮助解决简的"态度"问题。在我们刚见面的头五分钟，罗伊一直在激动地抱怨简。"她为什么不能把支票账户打理好？为什么我们的植物总是干枯死掉？为什么她指望我们去度假，但却对我们的财务状况一点都不了解？"很明显，罗伊对简的缺点很不满，觉得只有自己在养家糊口。

为了更充分地理解他们的夫妻生活，我必须更多地了解双方的童年经历。罗伊的父母都是艺术家，他是家里的独生子。他的父亲虽然很成功，却是个反复无常、难以捉摸、情绪多变的人。罗伊告诉我，他的母亲根本就不该有孩子——她对孩子不感兴趣，也没有母性本能。他的母亲很少去买食物或做饭，也不了解他的学校项目或作业。罗伊的父亲经常因为不能更好地安排事情而暴怒，但也不愿意改变自己的生活方式来适应儿子的需要。结果，罗伊的父母经常因为照顾孩子的责任而争吵，这让所有的家庭成员相互之间都感到了愤怒和怨恨。随着罗伊年龄的增长，他和父母待在一起的时间越来越少，到16岁时，他基本上是一个人生活了。不幸的是，罗伊的朋友们都吸毒，并且由于经常吸毒，罗伊差点没能拿到他的高中文凭。

当我们谈到罗伊早期的家庭生活时，我清楚地意识到，罗伊从未有过可以依靠一个女人的经历。他的父母只关心他们自己的生活，这使他无法相信任何人，也无法相信另一个人会真正关心他。罗伊在一个戒毒项目中遇到了他的第一任妻子，他说她是一个自私的人，很少表露感情，也很少提出要求。当他的妻子在他们的第二个孩子出生后再次染上毒瘾时，罗伊认为没有理由再和她生活在一起了。两个孩子已经五年没见过生母，她也没有试图来看望他们。

简很自卑，但她是个有很强母性本能的热情的人。她立刻在心中为两个儿子腾出了空间，但因为她没有带小孩的经验，她发现要让他们按时做事并把屋子收拾得井井有条是极其困难的。此外，孩子们还挑战她的权威，经常越过她去征求父亲的意见——尤其是当他们希望父亲会做出不同的决定时。罗伊致力于能让孩子们幸福生活，这给了他戒除毒品的力量，并且在工作中变得很能干，他也喜欢给予孩子们他小时候从未得到过的关注。随着我对他们家庭生活的了解更多，我可以看出，在某种程度上，罗伊害怕失去孩子们对他的依赖和爱戴，而且他经常在尊重简以及听从她的决定上给孩子们传递一些模棱两可的信息。一方面，他迫切地希望简能更有效地管理这个家，以便他能集中精力工作；另一方面，他又不能放弃自己是孩子们的照料者的地位，这是一种心理上的满足和能力的提升。同样，当简不堪重负时，罗伊似乎很愿意接管她的工作，同时又一直怨恨自己的负担太重。正如我们说过的那样，罗伊会长篇大论地批评简的无能，这几乎是罗伊的父亲对母亲大发脾气的方式的重现。

当简还是个孩子的时候，只要她抗议父母的行为，她就会遭受身体上的虐待。一开始，她非常不愿意表达自己对罗伊极强的控制欲的不满。然而，一旦她能够谈论自己的感受，他们之间的紧张和疏远就开始减少。罗伊更清楚地了解到怎样才能在不削弱简的自信的情形下支持她，而简也变得在被罗伊贬低时更勇敢地面对他。

在治疗过程中，我们讨论了这对夫妻如何在孩子们面前确立简的权威地位，并赢得他们的尊重。我指出，不仅要让两个男孩子意识到自己要相信简的能力，罗伊也要相信。罗伊意识到，只要他贬低简，她就永远不会被他或他的儿子们视为力量之源。他的挑战是要相信简也愿意并且有能力照顾他的情感需要。一旦简理解了坚持的重要性，当罗伊在工作中遇到压力而试图疏远或挑起争执而不是向她倾诉时，她就能够面对他。

转折点发生在罗伊在家的时候，罗伊的大儿子理查德不理会简让他去洗澡的要求。在接受婚姻治疗之前，罗伊可能会接手这件事，因为理查德通常会对父亲的要求做出回应。这一次，罗伊并没有进行干预，而是看着简将理查德叫回了浴室，执行她设定的规则。直到理查德进入浴缸之后，罗伊才表达了自己的看法，他明确地告诉理查德，简知道她在做什么，他希望儿子能更尊重地对待她。

与罗伊和简一起进行婚姻治疗，有两件事令人满意。他们让我看到了一对夫妻学着相互支持，在原本紧张的婚姻中建立感情。我还听这对夫妻说到了孩子们做出的精彩改变，他们安下心来，并开始接受和享受新妈妈的力量。

儿子和不受尊重的父亲

虽然有许多工作的男性看不起作为家庭主妇的妻子的例子，但是，一份稳定的工作并不总是能保护丈夫免受妻子的贬损。在许多家庭里，妻子不尊重丈夫。在一些例子中，侮辱是微妙但持续的；但在另一些例子中，妻子会公开贬低和侮辱丈夫。在这两种情形中，孩子们都深受影响。

当父亲被贬低时，会给儿子留下强烈而矛盾的感觉。正如弗洛伊德在他的俄狄浦斯情结理论中说的那样，每个男孩都会爱上自己的母亲，并希望能得到她所有的爱。他会和他的父亲竞争，希望他的父亲死去，或者他的母亲会对她的丈夫失去兴趣。在健康的家庭中，父亲不会死去，也不会失去妻子的爱，最终男孩会承认父亲的权威以及父亲与母亲的轴心关系。事实上，他是通过承认父亲的权威并努力让自己变得更像父亲而成长的。如果母亲贬低父亲，那么男孩的幻想——自己已经赢得了母亲的心——就会占据上风，这会让男孩产生强烈的负罪感，因为他觉得自己从父亲那里偷走了珍贵的东西。他也不会尊重父亲，并且不会努力变得像他的父亲那样，因为在他眼里，他的父亲是个失败者。在一个父亲不受尊重的家庭中，被母亲深爱的儿子可能会在其人生的许多方面取得成功，并且可能会显得很有信心和自信。然而，成为丈夫并最终成为一位父亲的前景会激起他的内疚和焦虑，从而会严重破坏和伴侣的关系。

汤姆和帕特丽夏

汤姆就是一个恰当的例子。他的妻子帕特丽夏惊慌失措地打电话给我。他们已经结婚两年了，而且在很多方面都认为自己拥有完美的婚姻。这对夫妻是在大学里认识的，当时他们都在参加体育运动。他们的共同爱好和互相倾慕一直让人羡慕，而且他们很少吵架。也就是说，直到帕特丽夏开始谈论怀孕和生孩子。虽然他们在结婚前就讨论过有孩子是多么美好，但汤姆说他现在的感觉不一样了。尽管他不理解自己的感受，但他说自己感到了压力和不快乐，并提出了离婚。汤姆认为，对帕特丽夏来说，最好的办法是结束他们的婚姻，然后找一个和她一样迫切地想要孩子的丈夫。

汤姆勉强同意了接受婚姻治疗，但他不愿意谈论自己的感受。他决定，为了他们俩，他应该试着弄清楚自己的立场，于是开始不情愿地回答我提出的关于他童年的问题。刚开始，汤姆说他的家庭是完美的。他的父亲在社区里是一位受人喜爱的专业人士，他的母亲是一位积极参与慈善工作的受人尊敬的女性。当我让汤姆谈谈他父母的婚姻状况时，他认为他们是比较幸福的，但在某些方面，他的母亲应该得到的更多。汤姆解释说，他母亲的家庭在经济上很成功，而他的父亲是一个努力帮助孩子们过上更好生活的移民的儿子。汤姆的母亲会批评丈夫的餐桌礼仪、衣着选择，也会批评他对戏剧缺乏兴趣。虽然汤姆的父亲在社区里很受尊敬，但他在自己的婚姻中却不受尊重。汤姆平静地透露说，他的父亲在妻子面前似乎很不自在，并把园艺作为一种爱好，以便自己能够远离妻子的"王国"。孩子们只会向自己的母亲征求意见。"我的母亲有一种独特的沟通方式，让我们觉得父亲其实不知道发生了什么或者处理事情最好的办法。"作为她最喜欢的儿子，汤姆记得母亲参加过他高中所有的体育比赛，以及他是如何为了让母亲为他感到骄傲而努力的。"我想，相比父亲而言，我和母亲要更亲近，她是一位独特的女性，我为有她作为我的母亲而感到幸运。"

我让汤姆考虑一下，他对帕特丽夏想要孩子的愿望的反应，是否与他所设想的一个父亲在家庭中的价值的蓝图有关。当我让汤姆想象十年后有孩子的家庭生活时，汤姆马上说帕特丽夏很可能会像他的母亲一样能干，一样有条理。然后，他变得忧郁起来，因为他意识在这幅画面里他描述不出自己的样子，而且他对帕特丽夏快乐地做母亲的想象意味着他是孤独的，不是家庭中的一员。当他描述到自己害怕帕特丽夏会成为称职的母亲，以及自己会像父亲那样被排挤和不受尊重时，泪水涌上了他的眼睛。他担心帕特丽夏会只爱孩子们，对他失去兴趣。不知不觉中，他已经假定自己的宿命就是重复他的父母的婚姻。

女儿和不受尊重的父亲

当母亲看不起自己的丈夫时，女儿也会受到深深的影响。不尊重自己丈夫的妻子传递给女儿的信息是，婚姻是令人失望的，男人无法让女人幸福。她让女儿看到的不是父母如何齐心协力解决问题和增进两人的关系，而是教给女儿痛苦是如何加剧的。在这种家庭长大的女儿可能会为了摆脱自己母亲的命运，不切实际地去寻找"完美男人"。这是注定要失败的，因为当她的伴侣最终表现出某些弱点时，她将不知道如何给予支持、鼓励或接纳。她童年建立的信念——男人基本上是无能的——将重新浮现出来并影响她的看法。事实上，她很可能会对小问题反应过度，并在两个相互冲突的选项中挣扎。要么她会很乐观，忽视那些可能需要讨论的问题，要么会反应过度，将小问题视为大灾难。

对于一个自己的父亲被贬低的女儿来说，另一个解决办法就是选择一个从一开始就让她失望的伴侣。她可能从一开始就知道，她的男朋友有些地方不吸引她，但她仍然会继续维持这种关系，尽管她会有所保留。当这些问题在婚后浮出水面时，她就有了保持距离并生气的理由，就像她的母亲那样。萝丝和马文的婚姻恰好诠释了这种情形是如何发生的。

萝丝和马文

萝丝和马文来找我做婚姻治疗的时候，他们已经60多岁了。萝丝是一个曾经很富裕的家庭的独生女。萝丝的父亲曾被认为是一个花钱冲动、赌博成性的"花花公子"。萝丝非常清楚母亲对父亲的失望。她经常看到母亲责骂他，也能模仿母亲那种讥讽、居高临下的声音。萝丝记得父亲那种不计后果的生活方式和母亲总是忧郁、消极的生活态度给她带来的撕裂感。

马文之所以吸引她，是因为他随遇而安的风格，加上他传统的家庭价值观和他对辛勤工作的尊重。然而，在这对夫妻结婚几年后，马文失去了他管理方面的工作，从一份工作换到另一份，但是似乎从来没有适应过哪份工作。萝丝拒绝削减自己的开支，他们为了萝丝要从家庭财产中拿出多少钱花在自己身上而激烈争吵。马文越是接受萝丝的要求和愤怒，她就开始越不尊重他。马文开始对自己的财产保密，两人各自开了独立的银行账户。

到他们来接受治疗的时候，他们之间已经有几年的积怨了。马文抱怨萝丝当众羞辱他，让他觉得不知道自己在说什么。萝丝没有和他商量就做了所有的财务决定，让他觉得"她的就是她的，我的也是她的"。萝丝觉得自己被"骗了"，像她的母亲一样。她觉得丈夫从来没有在自己的工作上投入太多的精力，因为他知道自己有人照顾，而且她极其怨恨自己不得不工作并担心家庭状况，而马文只是像只蜜蜂一样"嗡嗡"着从一朵花飞向另一朵。马文越想使家里的氛围变得轻松愉快，萝丝就越生气。

我让萝丝思考自己从父母的婚姻中学到了什么。萝丝轻松地谈到她父亲的赌博和花钱大手大脚的习惯毁掉了家里的经济保障，并意识到她一直认为男性没有什么能力。她在一个男性总是让女性失望的家庭里长大。她很难承认马文为成功所付出的真诚努力，以及面对失败时的痛苦感受。马文的幽默和随和的态度一直是他避免让这个家庭痛苦的方式。相反，萝丝认为他对他自己的缺点无动于衷，并且永远不会成为她希望的那种伴侣。在她心里，她的丈夫和父亲都是一样的，她也反复受到那些很熟悉的方式的伤害。

给孩子造成的问题

所有这些夫妻出现的问题，核心是一种潜在的信念：在婚姻中，夫妻双方不可能同时得到尊重。我所有的来访者从未质疑过这种观念，而是以一种防御的方式去解读或回应他们的伴侣。他们父母的婚姻中已经造成的关于尊重的预期和信念，限制了他们安全地给予和接受爱的能力，并使之复杂化。

当父母表现出对伴侣的不尊重时，孩子们会受到强烈的影响，不管是在他们的直接行为中，还是在以后的岁月中都能体现出这种反应。如果自尊是幸福的基础，那么伴侣之间能够以建立和加强尊重的方式对待彼此是至关重要的。每当孩子看到父母中的一方称赞另一方时，他潜在的自尊就会增强。每当他看到父母给予或接受不公平的批评或反对时，他对未来自己会受到尊重的预期就会被损害。

总有一些时候，夫妻中一方会不赞同另一方的做法。然而，应该仔细考虑表达这种不赞同的沟通方式。我建议伴侣双方应该为减少不尊重他人和伤人的言论承担起责任。正如父母们都知道的那样，如果孩子犯错了，告诉孩子他做的某件事情是不好的而不是说他不好，是很有帮助的。所以，伴侣双方可以把批评限制在具体的问题上。我经常在那些关系不和谐的夫妻身上看到的一个问题，就是将具体问题普遍化带来的毁灭性影响。不高兴的一方完全有权利表达自己的感受，但是不能以一种指责的方式对待自己的伴侣。诸如"你总是"或"你从来没有"这样的话语会使情形恶化，并造成与期望相反的结果。当孩子的小眼睛和小耳朵相信这一切是真的时，伤害就加剧了。

伴侣之间有很多贬低对方的方式。有时，这种侮辱是通过幽默的方式表达出来的，很难被看作是明显的不尊重。父母也可能选择直接向别人诉说，将婚姻中的不幸告诉朋友或家人。不幸的是，很少有父母会想到当孩子们听到这些"私下"交谈时所造成的伤害。也许最严重的伤害是父母中的一方告诉孩子另一方是多么不称职或糟糕。

当我对这些家庭进行治疗时，会鼓励他们关注自己的感受。如果他们感到被侮辱，那很可能就是如此。我会帮助伴侣去获得在这种情形发生时所需要的直面对方的信心。为了自己的心理健康和孩子的幸福，父母必须要求自己能够得到尊重。要求获得尊重并不意味着拒绝倾听抱怨或批评，但它确实意味着坚持用一种不冒犯或羞辱的方式。我也会鼓励父母们在伴侣做了他们喜欢的事情时要告诉对方，因为这有助于平衡那些被批评和抱怨主导了家庭氛围的时刻。那些珍惜彼此并珍惜自己的父母，能够向他们的孩子们表明，婚姻会放大一个人的价值，亲密关系会增加个人的幸福。

问 题

1. 你觉得你的父亲还是母亲更聪明？谁更有能力？谁更重要？你觉得你更像父亲还是母亲？
2. 你的孩子会说他或她的父亲还是母亲更聪明？谁更有能力？谁更重要？
3. 一般来说，你在大多数时候自我感觉良好吗？还是会不那么自信？
4. 你的伴侣有助于你对自己感觉更好还是更糟？
5. 在不尊重对方方面，伴侣相互之间做的最糟糕的事情是什么？你和你的伴侣之间大约多久发生一次这种情形？

第5章

在言语和行动上保持信任

"婚姻中的伴侣要努力不让彼此失望"

如果父母想让自己的孩子在未来相信并体验到他人的善意，他们就不应该忽视在婚姻中保持信任的重要性。尽管每一种成功的关系都需要建立信任，但信任是亲密关系中必不可少的因素。为了发展一种能够保持相互依赖和诚实的关系，夫妻双方必须相互忠诚于彼此的幸福和快乐。之所以如此，部分原因在于我们会想当然地认为伴侣具有善意和好意，并且相信伴侣会采取行动保护并避免对方受到情感和身体的伤害。信任，还需要对共同的未来充满预期，期待共同努力的许多目标将最终得以实现。因为亲密关系会显现出脆弱，如果伴侣想要自由地展现自己，而不用担心被羞辱或拒绝，信任是至关重要的。只有信任才有可能让伴侣们做出实质性的牺牲，因为他们知道自己没有被利用，而且付出和获得是平衡的。由于所有这些原因，当信任被打破时，婚姻关系和给孩子造成的影响都将受到损害。

有许多不同的情形会考验或破坏一对夫妻对于承诺和相互照顾的信念。我的来访者中曾经有几对夫妻的困境因为双方的财产差异而被放大。我还发现，当一个家庭中存在对忠诚的争夺时，信任更容易遭受考验，比如在再婚家庭中，伴侣双方必须平衡自己上一次婚姻中对孩子承担的义务与对新伴侣的忠诚。对于那些父母离异的成年子女，或是那些在父母中的一方或双方都有婚外情的家庭中长大的孩子来说，在信任方面也存在一些尚未解决的问题。虽然这些情形之间会有交叉，但每种情形都会损害不同方面的承诺。

对彼此幸福的承诺

坠入爱河会产生一种积极的温暖而温柔的感觉。因为爱的礼物是珍贵的，所以伴侣们希望照顾并保护彼此免受他人可能造成的痛苦和压力。但是，正如一个人在家人或同事面前会表现出脆弱一样，他们在伴侣面前会更多地表露自己，并且需要知道自己的伴侣永远不会以情感虐待的方式攻击自己。为了建立信任，伴侣们需要相信自己会被对方尊重地对待，并且他们的幸福不会受到蓄意破坏。

当伴侣们知道自己和对方在一起很安全时，他们就会表露出自己非常私人和敏感的一面。他们还可以做出一些充满善意和爱意的举动，因为他们知道这些举动会得到对方的回报。当孩子们在父母身上看到这些特质时，他们会感受到婚姻带给他们的安全感。那些致力于彼此幸福的父母不会相互进行人身或言语攻击，他们会表现出全方位的尊重和关心。因此，孩子们会了解到，婚姻是一个人们相互给予感情和支持，帮助彼此克服生活挑战的地方。

信任的这一面是建立在伴侣对彼此的重视高于一切的预期之上的。不幸的是，某些状况从一开始就挑战了这一假设。我遇到过的一种情形是，资产雄厚的一方在进入婚姻时会采取戒备的姿态。由于人们经常因为自己的金钱而被利用，所以伴侣中富有的一方从一开始就质疑对方的动机是很常见的。"我被爱是因为我是我，还是因为我的钱？"这是一个私密的、令人不安的问题。通常会有大量的考验来挑战恋人的"真实"情感和承诺。当然，在婚礼前，婚前协议的问题总是不可避免地被提出来。

虽然一份保护个人财产的法律文件可能是必要的，但协议的呈现和书写方式可能会损害财产较少的一方的信任感。有时，采取的预防措施会让财产较少的一方觉得自己被认为是一个想借婚姻发财的人，或者只是为了金钱而结婚。财产的分割和划分会导致伴侣建立在对彼此承诺的基础上的亲密无间感的分割和分离。罗宾和萨姆就是这样的情形。

罗宾和萨姆

罗宾最初联系我是要进行个人治疗，因为她无法决定是否结束她与萨姆的恋爱关系。这对情侣是在健身房认识的，他们在跑步的时候攀谈起来。一连几周，他们的见面都围绕着约在一起跑步，然后吃早餐或晚餐，罗宾非常喜欢她的新朋友。随着这对伴侣在一起的时间增多，他们发现除了身材上的相似——柔韧、健康的体格——之外，他们还有很多共同之处。两人之前都离过婚，都有两个孩子。事实上，他们两个人最小的女儿的年龄只相差三周。除此之外，他们还去过一些相同的国家，和孩子一起露营，是百老汇戏剧的狂热爱好者。一天晚上，萨姆最终把罗宾带回自己的公寓，他们性生活的和谐也得以确认，爱情如花般盛开。

萨姆起初对他的工作一直闪烁其词，只是简单地解释说他是一名律师。然而，经过几个月的定期约会，罗宾发现萨姆实际上是一个著名律师事务所的高级合伙人，而且实际上是一个百万富翁。萨姆似乎对罗宾的"知情"感到很不舒服，于是他们之间开始出现一些奇怪的争吵。当萨姆邀请罗宾做他商务晚宴的女伴时，她脸红了，解释说她没有适合参加在高档餐厅举办的晚宴的礼服。萨姆开玩笑说要增加业务开支了，并带着罗宾去了城里最高档的服装店。罗宾告诉我，萨姆似乎很喜欢帮她挑选新衣服，但后来，当他们回到车里后，他开始变得闷闷不乐，说："不要认为我从现在开始会给你买所有的衣服。"罗宾从来没有这么想过，她觉得受到了伤害和侮辱。

几个月后，萨姆提出了同居的话题。因为孩子的关系，这对情侣在晚上没有多少私人时间，而且两人都厌倦了尝试让难缠的前任改变他们的监护时间表，以便两人可以单独相处。一方面，萨姆非常慷慨，主动提出重新布置自己的公寓，以便罗宾和她的孩子们可以住得舒服些。但当这对情侣开始谈论细节时，罗宾再次变得焦虑起来。萨姆认真地说："你的孩子不应该期望能得到和我的孩子们同样的东西。贾斯汀的房间里有一台电视，但是我并不打算给帕姆也买一台。你的孩子最好明白，家庭活动室里的有些东西也不能碰。贾斯汀对他的台球桌很讲究；如果他不想让你的女儿碰它，要尊重他的决定。"想象着自己的孩子不能碰家里的东西，甚至都不能想象自己能拥有，这让罗宾感到很不舒服。尽管如此，她还是认为孩子们会自己解决这个问题，并同意了搬进萨姆的家里。

罗宾打电话向我寻求帮助的那天，是萨姆告诉她说他对结婚没有兴趣的第二天。罗宾原本希望如果事情进展顺利，婚礼将会是计划的一部分。如果萨姆拒绝结婚是认真的，那么罗宾会重新考虑他们的生活安排。她的两个女儿喜欢萨姆的孩子，但孩子们并没有像罗宾希望的那样变得很"亲密"。她的小女儿，一个略微超重和笨拙的 9 岁孩子，变得越来越孤僻，经常用消极的方式拿自己与萨姆那身材苗条、喜欢运动的女儿进行比较。她的大女儿对贾斯汀的台球桌不感兴趣，但发现他的占有欲有点"奇怪"。因此，她要么是自己待着，要么是跟自己的朋友们一起玩。

听到这个情形后，我建议罗宾带萨姆一起来做婚前咨询，他立即同意了，这让她很吃惊。当我让萨姆谈谈他的家庭情形时，他讲的故事让我感到很难过。他的父亲是一位富裕的牙医，强迫妻子过着相对简朴的生活。直到今天，她还不了解家里的财产状况。每年，他的父亲都会给妻子一份空白的夫妻共同纳税申报单，她会签上自己的名字。据萨姆说，他的父亲管理着家庭的运转开支，不会征询母亲的意见，也没有平等地对待她。尽管他的母亲似乎能容忍丈夫居高临下的态度，但她还是会拒绝丈夫给她买的每一件礼物，以示不满。在萨姆的婚姻蓝图中，伴侣双方从来不会让对方满意，并且很少给予赞扬或肯定。因为萨姆从未见过他的父母之间的信任或分享，他对亲密关系的预期是消极的。对他来说，亲密关系中存在潜在的剥削和危险。

虽然萨姆不想重蹈父母婚姻的覆辙，但他经常认为罗宾觊觎他的财富。他的父亲曾教他要设定严格的界限，并以"你给别人一寸，他们就会拿走一尺"为座右铭来行事。罗宾也在努力弄清什么是对，什么是错。她不想重复自己父母的婚姻，因为在父母的婚姻中始终存在专制和偶尔的暴力。因此，罗宾试图否认自己愤怒的感觉，成为她希望自己的母亲能够成为的完美、贴心的妻子。然而，罗宾有时会控制不住对两个女儿发脾气，她经常把自己的挫败感发泄在她们身上。

萨姆需要努力解决他对罗宾的矛盾感受——尤其是那些他还没有向她透露的问题。擅长商务谈判的萨姆经常发现自己在与罗宾讨论事情时会努力寻找合适的表达方式。他很容易被激怒，并且会在自己发怒之前走开。罗宾也很难通过交谈解决她和萨姆的分歧，因为她能感觉到他可能要发脾气，并且会在他们任何一个人可能以破坏性的方式爆发之前避开争吵。

在我们的第一次面谈中，罗宾告诉萨姆，如果认为他的富有对她没有吸引力，那就太愚蠢了。"但是，"她告诉他，"这非但没有给我们带来安全感和乐趣，反而成了我们的障碍。"萨姆承认，他一直想知道是否会有女人因为"他只是他"而爱他，也想知道当他"欺骗"罗宾，让她对自己的财富毫不知情时他是多么激动。他还告诉罗宾，他对第一次婚姻的终结和前妻不断向他勒索钱财感到非常痛苦。"她从来没有兑现过自己的任何一个承诺或协议，我认为你也不会。"

最终，罗宾和萨姆能够更坦率地讨论他们的一些分歧了，并对他们能成功地协商感到更有信心了。萨姆仔细审视了他从自己的父亲对待母亲的方式中形成的对女性的看法。慢慢地，两个人的关系变得更加坦率和亲密。当罗宾发现自己怀孕时，萨姆立即向罗宾求婚了，但在婚礼前三周，一份婚前协议让罗宾大吃一惊，这让罗宾感到困惑和愤怒。萨姆提出了一个根据夫妻在一起生活的年数计算离婚赡养费的公式，并且没有分割他们共同积累的任何财产的打算。在一次紧急面谈中，罗宾解释说，她再次感受到了不被信任，也不被真正在乎。罗宾试图告诉她的未婚夫，大多数夫妇都在为共同的未来而奋斗中感受到了情感连接，而婚前协议让罗宾觉得自己不属于他的未来。如果隐含的假设是所有的东西都是属于他的，他怎么能预期她会开心地和他一起装修房子或者选择一辆新车呢？

他们最终就婚前协议达成了妥协，但罗宾在婚礼当天的心情很悲伤。当萨姆把婚前协议给她时，她觉得他们为建立信任所做的一切努力都白费了。这份协议这么晚才给她，也让她很生气，因为她相信萨姆是一个精明的商人，为了赢得完全的保护，他做了一个在时间上对他有利的精心安排的决定。蜜月结束后，这对夫妇又回来找我面谈，罗宾谈到她有多么伤心，因为萨姆的财产已经成为他们亲密关系的障碍。用了好几个月的时间，萨姆才慢慢意识到并对自己的部分反应承担起责任，这些反应源自他的家人对外人的不信任，以及他因与前妻的离婚协议而积攒的愤怒。

当他能够把罗宾只当成她自己，将他的婚姻看作是创造一种不同生活的机会时，双方就有可能再次信任对方。

重组家庭

当伴侣在相遇和结婚时还是单身的时候，他们可以自由地发誓自己完全为彼此的幸福而努力。孩子的到来降低了这种期望，但至少夫妻双方都爱着并会照顾他们共同的孩子。然而，在重组家庭中，夫妻双方在结婚之前就有过一段婚姻，并对自己的孩子负有责任。虽然伴侣双方会承认父母对孩子的爱是正常和重要的，但在新的婚姻关系和之前的婚姻关系之间往往会很紧张。只要伴侣之间觉得他们对彼此是不可或缺的，他们就会继续建立对彼此的信任和承诺。但是，当伴侣认为自己排在孩子之后时，他们就无法创造一个相互支持和充满爱的环境所必需的依赖关系[1]。如果一个人认为自己的伴侣总是将前一段婚姻中的孩子看作是最重要的，那么让自己轻易受到伴侣的影响将会是愚蠢的。

不幸的是，孩子们对家里"新"的成年人的反应常常会使这种情形恶化。研究重组家庭的专家发现，大多数孩子会对父母的新恋情感到不满，并经常将这种不满表现出来。有时，父母有新恋情的事实会打破孩子的幻想——亲生父母终有一天会复合。在其他时候，孩子们已经习惯了通常是在单亲家庭中形成的亲密的亲子关系，他们不准备与别人分享父母的时间和爱。在最坏的情形中，伴侣和孩子之间会产生竞争，因此，重组家庭中就会出现

---

[1]Bray, James H., and John Kelly. *Stepfamilies: Love, Marriage and Parenting in the First Decade.* New York: Bantam, Doubleday, Dell,1998.——作者注

紧张与不和谐，以及为争夺父母或伴侣的关注和爱而进行的没有赢家的拉锯战。如果伴侣在这场战斗中失败，就不可能做出进一步的承诺。弗兰克一家就经历了这样的情形。

弗兰克一家

当我第一次见到詹妮弗和唐纳德时，他们两人都深爱着对方，但对他们未来在一起的前景感到很不安。两年前，詹妮弗的丈夫提出离婚令她很震惊。起初，唐纳德是她的一位同事，给了她很多支持与帮助，她可以向他吐露自己的感受，但最终他们的友谊发展到了性方面，这对情侣疯狂地坠入了爱河。唐纳德在前一段婚姻中育有两个孩子，他们已成年，但他与他们完全没有联系。在他离婚的时候，他还年轻、不成熟、不负责任。他的妻子因为他赌博、酗酒离开了他，唐纳德想这也许是他应得的。他喜欢孩子，但由于辜负了第一个家庭，他怀有很多复杂的感受。在他人生的这个时刻，他对做别人孩子的父亲毫无兴趣。

詹妮弗的前夫是一个占有欲很强的父亲，他与詹妮弗共同监护他们10岁的女儿玛莎，包括两个人轮流陪女儿过周末，她每周会照顾女儿两天。詹妮弗向唐纳德保证，玛莎有一个慈爱的父亲，她不会期待他做自己女儿的继父。然而，当唐纳德、玛莎和詹妮弗开始花更多的时间在一起时，紧张和问题立即显现出来了。由于对自己的父亲立即与情人再婚感到愤怒，玛莎从一开始就对唐纳德冷嘲热讽并疏远他。唐纳德在一个严格的天主教家庭中长大，他对玛莎这么不尊重地跟他说话感到震惊，但更让他震惊的是玛莎对待母亲的方式。在我们的第一次面谈中，詹妮弗辩解说，她承认自己也许对玛莎有点太宽容了，但玛莎一直是个用自己的风趣让每个人都高兴的早熟的孩子。唐纳德遭受的"刻薄话"被詹妮弗解释为女儿的聪明，而且当唐纳德抱怨玛莎喜欢操纵人时，詹妮弗向他保证这只是她独立的天性。很明显，两个人对于一个10岁孩子该做什么有着截然不同的预期。唐纳德的批评让詹妮弗感觉很受伤，尽管她知道他的话有一定的道理。

这对情侣对于如何和谐相处已经无计可施了。唐纳德需要詹妮弗对玛莎提出行为要有礼貌的明确期望，并强调说，听詹妮弗母女之间的交流就像发现自己在与玛莎进行不愉快交流一样有压力。当詹妮弗为玛莎辩护时，唐纳德感觉自己完全没有得到詹妮弗的爱和支持。玛莎似乎感觉到自己"战胜"了唐纳德，她会在母亲不在场的时候不断地试探界限。唐纳德会在玛莎和她的父亲一起过周末并住在父亲那里时住过来，并且发现自己在玛莎和母亲一起住的大部分时间都在计划做别的事情。

在治疗中，我鼓励唐纳德与玛莎建立直接的关系，不是作为一个父亲，而是一个成年人对一个孩子的关系。唐纳德发现玛莎有他喜欢的一面，但在和她一起度过任何愉快的时光后，他都会被内疚所吞噬。若干年前，他抛弃了自己的儿子和女儿，他怎么能接受做这个孩子的朋友呢？心理治疗为唐纳德提供了一个机会来解决他的一些矛盾和情感，尽管他的女儿拒绝接他的电话，但他还是重新与儿子建立了联系。

詹妮弗也需要了解自己那些使这个新组建的家庭成功变得复杂化的感受。一个重要的问题是她害怕失去女儿的爱。每当玛莎不能为所欲为时，她就会威胁说自己要永远搬去和父亲一起生活，詹妮弗就会惊慌失措。一旦这一点得到了坦诚的审视，詹妮弗对于设立界限就开始变得更有信心了。詹妮弗也意识到，在她认为唐纳德太严厉和太凶时，她往往倾向于保护玛莎。尽管她知道唐纳德是公平的，而且永远不会伤害她的女儿，但她发现每当自己一听到"那种语气"就会冲动地介入进来。在治疗中，詹妮弗发现她记得当她的父亲开始发脾气时，他是如何"用那种语气"对她和她的母亲说话的。但在她童年的家庭里，这种紧张总是升级为公开的冲突和尖叫比赛。一旦詹妮弗学会了把她对唐纳德严厉的声音的反应与她对一个脾气暴躁并经常施虐的父亲的记忆区分开，她就可以约束自己不要介入了。只要唐纳德的行为在他们约定的限度之内，詹妮弗就不再匆忙介入其中去解救她的女儿。唐纳德曾经说过："我不介意输给一个孩子，我不介意詹妮弗爱她的女儿。我只是想感觉到我也属于这里，即使我不能被接纳，我也应该被尊重。"在詹妮弗学会置身事外之前，唐纳德对她的信任会一直处于险境。

情感虐待

虽然很容易理解当金钱或之前婚姻的孩子进入"二人世界"时，会形成一种不愉快的三角关系，但我的来访者中也有很多因为逐渐出现的心理问题而反目成仇的夫妻。多年来，我接触过许多"脆弱型自恋"夫妻。"自恋"这个词通常会让人联想到一个过度自信的人，但事实上情形正好相反。许多人看起来拥有足够的自尊并且情绪稳定，实际上在情感上没有安全感。虽然这些人在一种表面上自信的状态下很正常，但他们的幸福感是脆弱的，很容易被打破。如果一个具有脆弱型自恋的人被批评或感到自己能力不足，就会从"一切都好"的状态骤然跌入感到自己毫无价值的"一切都糟"的状态。因为"一切都糟"的状态会导致严重的抑郁、焦虑和不适，脆弱型自恋的人会不惜一切代价避免这种状态，并会在生活中寻求赞美和肯定来保护自己。当他被批评时，无法保持自信的外表，他唯一的选择就是攻击那个他认为对自己造成伤害的人。如果他能够羞辱那个人，使其陷入感觉自己毫无价值的状态，或者他能够通过强烈的愤怒来证明自己的优越感，他就能让自己摆脱被扫入"一切都糟"状态的威胁。不幸的是，最常成为他贬低和发泄愤怒目标的人是他的伴侣。

在这种婚姻中，伴侣双方往往不能倾听或回应对方提出的就有分歧的问题进行讨论的尝试。问题会被感觉为责备或批评，这是脆弱型自恋的人无法容忍的。嫉妒也容易被激发出来，而且即使脆弱型自恋的人可能会祝贺伴侣的成功，但他们也会尽力把事情搞砸或以一种不同的方式让伴侣失望。一个脆弱型自恋的人也可能会做出一些让伴侣感到羞愧或能力不足的事情，因为这会使自己免于体验这些感受。

我把这种关系称为"过山车式"婚姻，因为事情往往会很快从很棒变得很糟糕。大多数和脆弱型自恋的伴侣生活在一起的人，讨厌他们的生活缺乏稳定性和可预测性，并抱怨他们经常受到情感虐待。作为自恋型愤怒的受害者，或者有一个破坏庆祝活动的伴侣，确实让人很难忍受。有些夫妻告诉我，他们必须小心谨慎，以避免再次陷入发脾气或是情绪低落的循环。他们还告诉我，当他们意识到自己的抱怨或改善关系的想法永远不会被接受，甚至不会被真诚地倾听时，有多么令人沮丧。当伴侣中的一方觉得自己的幸福总是排在第二位，并且有潜在的竞争、怨恨或嫉妒时，维持信任几乎是不可能的。亲密关系这块锦缎无法承受在情感虐待中释放出来的愤怒和冷漠，而被扯断的第一根线就是伴侣无法相信这种事永远不会再发生。如果"好"与"坏"的循环形成，夫妻间很少能够回到只有信任感存在时才可能存在的亲密状态。

这些婚姻中的孩子看着他们的父母经历着起起落落的循环，从来没有完全理解是什么导致婚姻幸福或不幸。他们也会听到父母在事情出错时相互指责，并在这种情况发生时体验到笼罩整个家庭的极端的悲观或愤怒情绪。他们也会加入到"过山车"模式中，努力做到足够好，以免自己的行为再次导致父母相互敌对。毫不奇怪，来自这些婚姻中的孩子通常看起来是顺从和完美的，但由于他们最终无力且无法维持家庭的稳定，他们也会产生自我怀疑。这些孩子没有学到伴侣之间如何给予彼此支持和安慰，而是看着父母在出现问题时变成了凶狠的对手或疏远的陌生人。正如好与坏的循环让夫妻双方感到沮丧和疲惫一样，严重的婚姻冲突和疏远的突然出现也会给孩子带来困惑。因为没有建设性地解决冲突的榜样，孩子们经常得到这样的信息：问题可能是压倒性的，并且是完全破坏性的。最重要的是，他们会看到，当事情变得困难时，人们基本上要靠自己。

谎 言

致力于彼此的幸福，必不可少的是诚实。因为伴侣中一方的行为和感受几乎总是会影响到另一方，所以相信很容易就能获得有关共同关注的事物的信息是很重要的。这并没有否定个人的隐私，但这确实意味着我们需要诚实地对待影响双方的事情。当一方对另一方撒谎时，建立信任的条件就会崩溃。说谎的一方必须保持警觉，以保证谎言不被拆穿，这样做会给交流带来一种神秘感和紧张感。感觉被欺骗的一方通常会因为缺乏"知情"而感到焦虑和愤怒，通常会产生一种被控制或操纵的感觉。

有很多原因会让伴侣中的一方对另一方撒谎。欺骗几乎总是会上瘾，无论是关于酗酒、赌博还是性。婚外情很少会在诚实的婚姻中发生，而且通奸的一方几乎总是不得不谎报自己的行踪。一个谎言滋生出其他的谎言，最后导致谎言无法被隐瞒。一旦伴侣发现自己被欺骗了，他们就会拼命地试图夺回控制权，并要知道"每一件事"。在试图"找出真相"的过程中，被欺骗的伴侣可能会沉迷于观察和盘问说谎的伴侣，这种情形几乎总是会导致控制权之争。这是一种对于夫妻和孩子们来说都只输不赢的局面，孩子们会看到父母之间存在着大量的猜疑和不信任。当然，如果父母中的一方向孩子吐露实情，并试图迫使孩子保守秘密，情形就会恶化。孩子也可能被要求"报告"他们对特定情形的了解，从而被卷入父母的控制权之争。那些让孩子们撒谎或探求真相的父母，会让孩子觉得基本上没有人可以信任。伴侣不是互相尊重、互相帮助的朋友；他们是为摆脱对方的影响而可能会欺骗和做出不道德行为的对手。

违背伴侣的意愿

信任是通过证实伴侣中的一方尊重对方的感受和需要的行为而建立起来的。虽然在伴侣想要什么或他们认为事情应该如何进行方面总是会有分歧，但伴侣双方必须相信，他们的另一半绝不会故意做一些违背自己强烈意愿的事情。如果一个人在一个重要问题上无视伴侣的立场，就是在传递一种不尊重的信息。当这种情形发生时，双方就会为了争夺控制权而互相攻击，而不是共同努力寻找妥协或平衡。无论这种违背是公开故意的还是被动无辜的，其结果都是对信任的破坏。

我认识一些夫妻，他们在守时问题上就以这种方式互相伤害，其中一方需要准时，而另一方却懒散以对，并且做一些使自己永远会迟到的必须在最后一刻完成的事情。许多夫妻会因为花钱而争吵，并在涉及金钱的事情上纠缠不清。我的来访者中有一对夫妻，经常因为妻子花费过多而争吵，她丈夫认为这种过度花费是一种上瘾。她的丈夫越是恳求她不要再花钱，她买回来的便宜货就越多。虽然丈夫有一份稳定的工作，但他决心要为三个孩子的大学教育和自己最终的退休而储蓄。债务让他极度焦虑，动用储蓄账户为妻子买的新衣服付款让他感觉妻子不爱自己，并且感到自己受到了侵犯。当夫妻经常像这样争吵的时候，孩子们禁不住会知道婚姻就像一场对手之间的拔河比赛，只有一方能胜出。

当父母不能尊重或解决彼此之间在养育孩子的方式上的分歧时，结果将更加可怕。这是因为父母双方没有为养育问题提前做好充分准备。父母双方往往有不同的想法或策略，可能会迫使自己的伴侣同意自己的计划。但是，当父母双方对一个问题进行了充分的讨论并形成明确的立场时，伴侣的蓄意破坏就会被视为背叛行为。孩子们成为了父母权力之争中的人质，会意识到自己成了双方争夺的对象，并被夹在了中间。克莱恩一家就这样挣扎了很多年。

克莱恩一家

索尔·克莱恩是一个虔诚的宗教家庭里的独生子。他从来没有直接对抗过他的父母试图把他们的宗教信念强加给他，但他不知何故在大学里爱上了一个信奉天主教的女生。他的父母极为震惊，但索尔和玛丽还是决定结婚。玛丽同意改信犹太教，并按照犹太信念抚养他们的孩子。虽然犹太教的宗教仪式并没有让她感到不舒服，但她深深怀念她的家人每年享受的圣诞节庆祝活动。这对夫妻达成妥协，同意玛丽每年12月都可以回父母家，参加圣诞节这个对她来说意义重大的家庭活动。

直到有了孩子，问题才浮出水面。当他们的双胞胎还很小的时候，玛丽没有和家人一起过圣诞节，她甚至同意把他们送进一所犹太幼儿园。然而，当这对双胞胎三岁的时候，玛丽决定回父母家过圣诞节，并坚持让孩子们和她一起去看望他们的外祖父母和她的家人。索尔觉得这会给孩子造成太多的混乱，但玛丽还是为全家人买了机票。在最后一刻，索尔决定因为生意上的原因放弃和家人一起去。孩子们带着圣诞节早晨收到的礼物和他们帮忙装饰圣诞树的故事兴奋地回到了家。索尔觉得玛丽试图让他的孩子们改信天主教，他觉得自己被背叛了，于是两人开始了激烈的争吵。索尔坚持认为让孩子们参加圣诞节的庆祝活动违背了玛丽以犹太教方式养育孩子的承诺，并觉得自己不能相信妻子会遵守婚前许下的誓言。双方花了好几个月的时间努力理解彼此对圣诞节意义的截然不同的看法，才重新建立起信任。

对性和情感专一的承诺

虽然有些文化允许婚姻关系之外的性行为，但今天在美国的大多数结婚的人对性行为的专一抱有期望。由于婚姻是爱的产物，所以人们认为浪漫关系应该发生在婚姻中的伴侣之间，转向其他人去寻求这种关系会对另一方造成伤害。大多数情侣在约会的某个时间节点会要求对方对性专一，而且经常会出现需要解决的嫉妒问题，直到双方建立信任。

然而，现实是很多已婚人士确实有婚外情。在最近的一项针对 50 岁以上的男性的调查中显示，超过一半的人至少有过一次婚外情。虽然这可能反映了在"男人毕竟是男人"的观念更普遍的时代里男性在结婚初期的行为，但是对当今父母们性忠诚的预估并没有太多改变。所以，今天的许多家庭都忍受着不忠行为的后果——要么是作为一个已经长大的孩子，可能仍然对在被通奸破坏的家庭中成长的经历做出反应；要么是作为一个父母，正努力与婚外情对自己的婚姻和孩子造成的影响作斗争。

对孩子的影响

正如我在本书中所表明的那样，孩子们对自己父母关系的了解远比父母愿意相信的要多。当婚姻中的信任得到保障时，双方就不会对彼此的行踪或活动产生什么焦虑或怀疑。因为没有秘密，所以交流是坦率和轻松的。这种婚姻中的孩子可以不那么关注父母的行为的意义和后果，因为他们不需要为维持家庭和谐而保持警觉。

相反，那些父母有婚外情的孩子会觉察到父母之间的紧张、秘密和疏远。一旦婚外情被发现，情形往往会变得更糟。忠诚冲突几乎总是会发生，因为父母双方都试图争取孩子支持自己的立场。通常，被出轨的一方可能会试图破坏孩子对不忠的伴侣的感情。结果，孩子可能被告知大量与其年龄不相称的、有害的信息。尽管青春期孩子对性已经有足够的了解，但他们正处于形成自己道德标准的微妙阶段，通常会因为父母的通奸行为感到被背叛和被冒犯。所有年龄的孩子都能意识到情形的严重性，并会变得焦虑不安。正如心理学家艾米丽·布朗 (Emily Brown) 所指出的那样，孩子意识到婚外情——这是一种间接的经历——就会立即联想到即将到来的离婚，这将直接影响到孩子。不幸的是，父母双方都不能向孩子保证不会离婚，而当孩子得不到这种保证时，他们通常会做最坏的打算。

受出轨行为伤害最大的孩子，就是那些被卷入自己父母的问题的孩子。虽然父母已经疏远了很长一段时间，但婚外情的发现凸显了婚姻问题的严重性和永久破裂的可能性。父母双方都可能试图赢得子女的忠诚，这必然导致子女与父母中的另一方形成对立。父母可能会不适当地向孩子寻求支持，完全公开他们婚姻状况的细节，永久地将第三者的存在嵌入家庭生活中。当父母中的一方意识到自己的伴侣试图赢得孩子的忠诚时，父母之间的裂痕通常会加剧。这就好像父母双方都在拼命地试图抓住并保护自己生命中有价值的东西："你摧毁了我对我们未来共同生活的信任和希望。你永远不可能将孩子从我身边夺走。"

孩子们往往对父母双方都感到很生气。因为婚外情可能会发生在表面上看似完美的婚姻中，孩子们可能不会怀疑他们的父母会做出这种不道德或欺骗的行为。正如布朗所指出的那样，婚外情的发现会让完美的父母失去孩子对自己的崇拜。然而，那位不知情的父母通常很难适应伴侣出轨的现实。通常，出轨的伴侣既不想结束婚姻，也不想放弃情人。这对受委屈的伴侣来说是种折磨，他们会感到无力，害怕表达自己的愤怒，因为害怕这会导致伴侣内心的天平向他们的情人倾斜。如果受委屈的那位父母变得沮丧或在情绪上被击垮，有些孩子也会感到沮丧，最终会变得愤怒。"处理好这件事，别再闷闷不乐"是一个青春期孩子的建议，对他们来说，爱情的破裂是不可避免的变化过程中的一部分。另一些孩子会因此变得富有同情心，并会去关心他人。无论哪种情形，孩子纯真的日子已经结束了。

如果是孩子发现了婚外情，那会变得更难处理。在某些情形中，出轨的一方可能会向孩子吐露秘密，希望得到某种形式的安慰和允许。这给孩子带来了可怕的负担，他被迫向父母中的另一方隐瞒秘密，从而成为欺骗者的同谋。当一位父亲致力于让儿子接受他的通奸行为时，他通常会将这个话题作为进入男人"真实"世界的起点。在这样做的过程中，他会明确地向儿子提出性的唯一性并不重要的观点，并试图影响他的儿子正在形成中的关于与女性的关系的信念。在我认识的一个家庭中，父亲带着十几岁的儿子一起去酒吧，并堂而皇之地分享他最近与不同女性发生性关系的故事。他给儿子传递的信息是，为自己寻找快乐是男人的权利，并且不受女人的支配。他对妻子的蔑视和公然的不尊重已经清楚地表达出来。不出所料，这个年轻人在蜜月期之后的两个月孩子也可能是第一个从不小心泄露或意外发现的线索中发现婚外情的人。然后，孩子必须通过选择保守或说出这个秘密来宣告忠诚。通常，将秘密透露给不知情的父母，会立即在这位父母和孩子之间建立一种联盟，因为孩子会看到这位父母在第一次听说婚外情时的震惊、怀疑和痛苦。在这种巨大情感痛苦的时刻，这位父母可能会毫不犹豫地向孩子宣泄自己的感受。知道父母中的一方对另一方造成了伤害，会增加孩子的不公平感，通常还会损害孩子与通奸的那位父母的关系。这就是格伦家发生的事。

格伦一家

阿曼达，10 岁，无意间知道了她父亲有婚外情。一天，当她去打电话的时候，她的父亲正在分机上和一个人通话。有些话引起了她的注意，于是她就继续听着电话，没被察觉。几分钟后，她听到父亲丹尼尔开玩笑说，他的妻子根本不知道昨晚的晚餐之后的越轨行为。他们还谈到甜点后的性爱有多棒，这时，阿曼达悄悄地挂上了电话。

那天剩下的时间里，阿曼达都不敢再看她的父母。她平时那种愉快的心情消失了，一整天都待在自己的房间里。最后，她走到母亲身边，开始哭了起来。她把听到的谈话的细节告诉了母亲，两人一起哭了起来。玛格丽特早前就知道丹尼尔原来有过婚外情，并威胁说如果再发生这种事，她就要和丹尼尔离婚。她不假思索地把一切都告诉了女儿，毫不掩饰自己的愤怒和痛苦。阿曼达握着妈妈的手，告诉她无论发生什么事自己都会支持她。直到这时，玛格丽特才停下来思考这一切对她女儿的影响。

当玛格丽特质问丹尼尔时，他并没有试图掩盖自己的婚外情，而是再次恳求玛格丽特不要离婚。玛格丽特决定坚持她早先的威胁，这让他很沮丧，他转向了阿曼达。"我犯了一个错误，但我真的希望我们全家人在一起。你妈妈太固执了。不管我怎么求她，她都不会原谅我。相信我，我最不希望的就是离婚。"

现在，阿曼达彻底分裂了。一方面，她希望母亲能让步，以便全家人能生活在一起。与此同时，她也看到了母亲多么伤心，知道她的母亲需要她的支持来渡过这个难关。家庭治疗让这对父母意识到了这场争斗对他们的女儿造成的毁灭性影响，并学会了将女儿排除在争斗之外。

对成年孩子的影响

一个因父母出轨而破裂的家庭并不总是能维持下去。目前的研究表明，有一半的夫妻最终会离婚，而且如果出轨的一方是妻子，或者丈夫以前有过婚外情，离婚的可能性更大。尽管许多出轨的女性与她们的情人保持着关系，但在所有因婚外情而离婚的人中，只有10%的人与自己的情人结婚。因此，很难真正知道哪种情形对孩子的伤害最大：是在婚外情暴露之前过的那种家里有秘密和紧张的生活，还是在婚外情暴露之后忍受的情感上的混乱，经历了父母离婚，或者在某些情形下，不得不与"破坏"父母婚姻的继父或继母建立关系。由于某些或所有这些原因，父母的婚外情会对孩子产生强烈的影响，并且直到成年时期都会持续影响他们的人际关系和信任他人的能力。

心理学家朱迪斯·沃勒斯坦（Judith Wallerstein）对父母离婚后的孩子进行了10年追踪研究，她发现那些父母因婚外情而离婚的成年子女仍然对"父母的出轨"耿耿于怀。其他研究表明，那些父母因婚外情而离婚的大学生很难信任他们的约会对象，对爱情往往持玩世不恭的态度或悲观态度。更让我惊讶的是，那些父母有婚外情的成年子女与其他人相比，更有可能对自己的伴侣不忠。父母婚姻的蓝图再一次在他们身上显现出来，并造成了一种防御姿态或对父母婚姻关系的复刻。柯特和桑德拉就是一对因此而产生了严重问题的夫妻。

柯特和桑德拉

当柯特和桑德拉开始接受婚姻治疗时，他们结婚还不到一年。桑德拉为柯特做了八年的秘书，两人在结婚前三年就开始了婚外情。柯特的婚姻并不幸福，但他决心让自己的三个孩子幸福。当他最小的女儿13岁的时候，柯特觉得孩子们已经有了他们自己的生活，不会因为父母离婚而受到太大的干扰，他告诉妻子他爱上了另一个女人。

柯特的妻子玛吉悲痛欲绝，愤怒至极，她尽自己最大努力让孩子们反对他们的父亲。尤其让她发狂的是，柯特和桑德拉很快就建立了新家庭，而且，当孩子们来看望柯特时，桑德拉每次都参与。在母亲的敦促下，他们要求与父亲单独相处，但桑德拉拒绝自己被排除在外。孩子们知道他们的父亲为了和桑德拉在一起而离开了家，并且拒绝桑德拉要和他们做朋友的尝试。事实上，桑德拉完全了解他们的感受。在她14岁时，她的父亲离开家和自己的情人一起生活，而她的母亲一直没有完全恢复过来。桑德拉去探望父亲的时候也会感到嫉妒和被冷落，在她同父异母的妹妹出生后，情形变得更加糟糕。

很快，这对夫妻在孩子们来探望时开始吵架。桑德拉要求柯特站在自己这边，不允许孩子们对她说话不尊重。虽然柯特在孩子们表现冷淡或粗鲁的时候会进行干预，但很多时候他觉得桑德拉太敏感了。"你对他们期望太高了。只要给他们点时间，他们会意识到你并不是玛吉说的那种怪物。"

几个月过去了，桑德拉越来越不能容忍柯特对她的立场缺乏认识和支持。柯特和他最好的朋友已经一起看了15年的篮球赛，本赛季，是桑德拉而不是玛吉陪柯特去看了揭幕战。桑德拉觉得在那场比赛中几乎每个人都在审视她，人们盯着她看，并谈论着她和柯特的"丑闻"。尤其让桑德拉伤心的是，柯特完全沉浸在观看球赛之中，导致她不得不尽量和玛吉曾经最亲密的一个朋友闲聊。当柯特说桑德拉太小题大做时，她没再说话并郁闷了好几天。

在治疗的过程中，我很有兴趣听桑德拉对她父母婚姻的回忆，以及她是如何应对父亲的婚外情的。桑德拉一直是她父亲最宠爱的孩子，而且她早就意识到她父亲对她母亲既不尊重也不感兴趣。因此，当桑德拉发现父亲的婚外情时，她觉得自己被背叛了。在她眼里，她父亲爱她胜过爱她母亲。当她的父亲搬出去和另一个女人生活在一起时，桑德拉感到很崩溃，觉得自己被抛弃了。她很生气她的母亲从未真正重新妥善处理好自己的生活，并怨恨母亲的沮丧以及亲近自己女儿的尝试。桑德拉幻想着搬去和父亲一起住，但当她得知父亲和他的新妻子要生孩子时，她很快改变了主意。桑德拉发誓再也不要变得无能为力，再也不要依赖别人。

在一次面谈中，我和柯特谈到他倾向于忽略桑德拉的感受，我想知道他是否也会这样对待自己的感受。某种东西在柯特的内心深处产生了共鸣，他开始哭了起来，他说他从来不相信自己的感受会有人在乎。令我吃惊的是，当柯特说完后，桑德拉爆发了。她几乎无法控制自己的愤怒，尖叫着对柯特说，他甚至从来没有试着跟她谈过他最重要的感受——更别说哭了。在那一刻，我意识到桑德拉是在对我发脾气，她既愤怒又嫉妒。接下来的那个星期，这对夫妻取消了他们的预约。当我打电话到他们家时，柯特向我道歉，并解释说桑德拉在面谈时感到不舒服。他向我保证，我的一些建议很有帮助，但如果面谈让桑德拉如此难过，他不能强迫桑德拉继续。直到那时，我才充分意识到桑德拉父母的婚姻对她的影响有多大。由于无法相信任何男人的忠诚，她无法容忍柯特对孩子和朋友的感情。柯特向一位女治疗师敞开心扉让桑德拉感到自己能力不足，并且很焦虑。她也害怕再次失去生命中的另一个男人，迫使柯特不断地证明他对自己的忠诚，并且远离任何会对她产生威胁的关系。柯特失去了他的心理医生，而且也走在失去他的孩子们的路上。

好的结果

有一个乐观的音符：有时候，婚外情能帮助伴侣们认识并处理在表面之下已经郁积多年的问题。在50%没有因婚外情而离婚的婚姻中，很多夫妻学会了认识到他们遮盖起来的冲突，并直接处理他们的分歧和问题。当父母能够将婚外情作为纠正和修复婚姻的信息时，孩子们就会认识到，如果信任得以重建，伴侣们就能度过最艰难的时刻，并从中获益。这会给孩子们留下一个更好的解决问题的模式，以及一种不放弃就会带来美好的信念。

令人煎熬的离婚

尽管在美国有超过一半的孩子会经历自己父母的离婚，但大多数美国人仍然相信婚姻是人们生活的理想方式。"直到死亡将我们分开"是典型的婚姻誓言，人们会庆祝银婚和金婚纪念日。当离婚发生时，孩子们总是会受到影响：在家庭破裂的余波中，以及当他们在随后的若干年必须尽力解决自己对生活之爱的能力的时候。虽然父母离婚的孩子们不再像十五年或二十年前可能经历的那样感到耻辱，但是他们依然将父母离婚描述为一段充满压力和不快乐的时期，他们永远也不会忘记。

理解离婚对孩子的影响并不容易，因为有三件事可能同时发生。首先，许多离婚是因为出轨，孩子会受到上述所有因素的影响。第二，许多离婚是在多年的破坏性婚姻冲突之后发生的。长期的冲突，无论是冷战还是激烈的争吵，都会对孩子造成严重的心理伤害 (见第 7 章)。最后，父母的离婚通常会转化为父母中的一方和孩子们的分离，因为很多孩子会与没有监护权的父母失去联络和情感连接。人们相信，这种关系的丧失比孩子所知道的家庭结构——父母双方和孩子共同生活在同一屋檐下——的终结更具有破坏性。

对成年孩子的影响

当成年人描述父母离婚对自己的影响时，似乎有两种截然相反的反应。一种是那些似乎对婚姻的承诺持怀疑和不信任态度的人，他们对自己婚姻成功的可能性持谨慎态度。那些父母离婚的大学生同意"如今很少有幸福美满的婚姻" 这一说法，而来自完整家庭的大学生则不同意这一说法。在另一项研究中，82% 的父母离婚的大学生表示，他们并不完全信任现在的约会对象。许多人表示，他们会故意考验对方并分手，并表示自己"宁愿成为离开的那个人，也不愿被抛弃"。对被抛弃或背叛的恐惧在那些父母因婚外情离婚的年轻女性中尤为普遍。她们的父母婚姻中信任的破裂，似乎是对她们自己的幸福权利的一种诅咒。

然而，还有另一群成年的孩子坚信婚姻的承诺。他们强调婚姻中的信任和持久的重要性，并决心不要像他们的父母那样。这似乎是一个"否定认同"的例子，因为孩子们会以一种父母没有做到的方式，致力于践行他们的婚姻誓言。我听说过一个年轻人在婚礼上使用了祖父的结婚戒指，以示对祖父幸福完整婚姻的敬意和认同。

离异家庭的成年子女似乎都有一个共同的目标，那就是渴望保护自己的孩子。许多人把自己描述为"过度保护",并强调要让自己的孩子真正做一个孩子。对于这些父母来说,在情感上照顾自己的父母和过快长大的记忆给他们留下了永久的伤痕。他们也会谈到自己曾缺乏关注,并试图将这种关注给予自己的孩子。毫不惊讶,许多这类母亲都说她们对于自己作为母亲的角色比作为妻子的角色感觉更舒服,尤其是那些在自己很小甚至对父母婚姻几乎没有记忆的时候,父母就已经离婚的女性。在单亲家庭中长大的后果并不完全清楚,因为很多在自己小时候父母离婚的人都能够建立令人满意的伴侣关系。但对另一些人来说,维持长期的关系是困难的。来自离异家庭的男性和女性,在他们自己的婚姻中的离婚率也最高[1]。有几项针对非裔美国人对婚姻的态度和经历的研究表明,他们在女性为户主的家庭中长大的可能性是其他人的三倍。在许多这样的家庭中,父母之间的纽带已经破裂,所以母亲们只能靠自己来养家。虽然这些女性倾向于发展和依赖与朋友和家人的关系,但这似乎既有积极的影响,也有消极的影响。非裔美国女性不太可能等到结婚再要孩子;最近的一次人口普查显示,几乎70%的人的第一个孩子是非婚生子女。不管有几个孩子或孩子多大年龄,她们在婚姻出现问题时离婚的可能性是其他人的两倍。

这并不意味着非裔美国人不能维持成功的长期婚姻。在很多对成功的长期婚姻的研究中,都有对婚姻投入很多时间和精力的非裔美国夫妻的例子。然而,这些伴侣中的许多人来自完整的家庭。这似乎表明,当孩子们看到他们的父母互相依赖并彼此支持时,他们就更有可能对婚姻做出长期的承诺。那些在父母没有强

---

[1]Kulka, Richard A., and Helen Weingarten."The Long-Term Effects of Parental Divorce in Childhood on Adult Adjustment."*Journal of Social Issues 35*, no. 4 (1979): 50-78.——作者注

烈的情感纽带的家庭中长大的孩子似乎对婚姻的需要更少，并且在出现严重问题时也不太可能坚持下去。

尽量减少离婚对孩子的伤害

有很多关于父母离异的孩子的研究可以帮助父母们度过这段时间，帮助他们的孩子做出最好的调整。当父母友好地离婚，或者将冲突降低到最低限度时，孩子们会表现得最好。当父母没有因离婚而极度争斗，并且当孩子没有被用作报复或控制的棋子时，孩子们的调整就会相对顺利。那些因为被卷入父母之间的冲突或在忠诚的拉锯战中被利用而感觉自己被夹在父母中间的孩子，会受到严重的影响，并可能遭受包括头痛、饮食失调、焦虑和抑郁等问题的困扰。

另一个关键因素是，孩子要能够与父母双方保持亲密关系，即使父母已经分开生活。由于尚不完全清楚的原因，当父亲不是孩子的监护人时，他们往往会远离孩子的生活。一些研究人员推测，当父亲感到自己对孩子的生活没有真正的发言权或控制权时，他们就会放弃；另一些研究人员则推测，这种分离产生的失去感，对于父亲们来说在情感上难以接受，而这种疏远可以让他们从这种难以接受的感觉中解脱出来。不管原因是什么，几乎一半父母离异的孩子在过去的一年中没有见过他们没有监护权的父母（通常是父亲），只有六分之一的孩子每周与父母都有联系。

当这种失去发生时，孩子们无法很好地应对，而且似乎会因为这种被他们认为是遗弃的经历而受到永久的伤害。父亲在离婚过程中和离婚后都需要与孩子保持联系，这一点怎么强调都不为过。

离婚后父母各自发生的事情也同样重要。那些受离婚影响最小的孩子的父母，要么保持单身，要么拥有稳定、成功的婚姻。相比之下，那些父母再次离婚或频繁更换伴侣的孩子，出现情感问题的几率最高，也很难在自己的情感关系中建立信任。

离婚不是孩子要求的，他们也很少从中受益。父母可以通过尽可能多的方式记住把孩子放在第一位，从而在糟糕的情形中取得最好的结果。当孩子们被保护起来，不直接接触父母的痛苦和敌意时，他们似乎会好得多。通过专注于成为一位有效的共同养育孩子的家长，让孩子走出一段失败的婚姻关系，离婚的父母可以采取积极的步骤，将对孩子的长期伤害最小化。父母的痛苦只能侵蚀孩子的梦想，并夺走他或她对自己幸福婚姻的希望。那些在离婚后仍保持怀疑和自我保护的态度的父母证实了这种信念：人们不应该被信任，期待不一样的结果是愚蠢的。

信任是婚姻的一个组成部分，当信任还存在的时候，这一点很少被考虑到。但当它被打破时，信任会被完全消耗掉。撒谎、操纵或违背承诺的伴侣会对婚姻关系直接造成伤害，为了治愈这种伤害，必须解决这些问题。那些考验承诺的情形总是会让信任处于危险之中，因为当一方不能确定自己的伴侣是否忠诚时，就没有理由为维持婚姻所需的自我牺牲辩护。当孩子们在一个充满信任的婚姻中长大时，不会因为不安或怀疑迫使他们保持警觉。坦率的沟通和自信是他们能看到并能效仿的。但是，当孩子们发现他们的父母之间遮遮掩掩、自私自利、爱操纵别人时，他们就很难预期自己的未来会有所不同。

问 题

1. 你认为自己在刚成年的时候在多大程度上受到激励去寻觅

一段亲密关系？你父母的婚姻是否给了你这样做的激励？

2. 你的父亲或母亲有婚外情吗？离婚了吗？再婚了吗？你认为你对婚姻的信念和预期受到了怎样的影响？

3. 你是否曾经怀疑过你的伴侣对婚姻或对你的幸福做出的承诺？如果是这样，是否已经进行了彻底的讨论并做出回应，或者还有其他疑问吗？

4. 你或你的伴侣是否经常威胁对方要离婚或分居？你认为你们的孩子知道这些吗？

第 *6* 章

建设性地协商分歧
"有时我们会有分歧，但我们总是会坚持解决分歧"

在父母无意中教给孩子的所有经验教训中，也许具有最明显效果的就是父母如何处理他们的分歧。在共同生活的幻想中，情侣们会微笑着，手牵着手，结伴同行。在共同生活的现实中，总有这样的时刻，伴侣中的一方看到或想要的与另一方看到或想要的不同。因为共同生活意味着一个人的行为总是会影响另一个人，每对夫妻都必须找到一种方法来做出共同的决定，并学会接受自己伴侣的影响。

知道如何协商，如何坚持自己的权利而不贬低自己的伴侣，以及如何在不怨恨彼此的情况下妥协，都是成功的关键因素，但是这些都是需要通过学习、实践和调整才能获得的技能。当父母有不同的方法或观点时，孩子们会敏锐地意识到父母之间存在的紧张。父母对待自己和彼此的方式会教给孩子们解决问题的基本方法和能力。

虽然大多数人都意识到某些类型的父母冲突对孩子是有害的，但许多父母不了解当他们害怕坚持自己的权利而完全避免冲突时所产生的问题。婚姻治疗的研究人员发现，那些很少产生分歧的夫妻是最先变得疏远和不快乐的。没有冲突并不意味着两个人总是步调一致，而更有可能表明出于这样或那样的原因，伴侣双方害怕有分歧。在这种环境中的伴侣会变得怨恨和淡漠。在这种环境中长大的孩子往往会过多地参与父母的婚姻，要么取代父母中的一方成为另一方亲密关系的来源，要么充当父母的中间人。除此之外，他们永远没有机会看到如何建设性地处理分歧。

对感受的恐惧

我发现，父母们逃避冲突的主要原因之一，是他们不知道如何处理自己的感受。我的许多来访者都是在无法容忍感受的家庭环境中长大的，他们从未学会如何辨认自己的内心状态。有些父母能在孩子烦恼时给予安慰，却不知道如何教孩子找到表达自己的情感动荡的语言。学会如何将感受用语言表达出来需要耐心，以及一位愿意倾听并确认孩子内心体验的父母。如果父母无法帮助孩子完成这一过程，孩子不太可能学会自己这么做。相反，他们会学会忽略自己的感受，转移自己的注意力，或者在不理解的情况下找一个发泄出口释放自己。

虽然这些处理感受的方法可以帮助一个成年人成功地应对一些有压力的情形，但是无法让一个人为回应亲密关系中通常会遇到的各种问题做好准备。而且，除非一个人能容纳这种不舒服的感受一段时间，直到他理解自己的情感状态，否则他就不能和自己的伴侣谈论困扰自己的事情。他可能会转移自己的注意力或试图忘记自己的问题，但这种感受会持续下去，并且通常会变得更严重。当分歧最终被承认时，它们会大到似乎无法解决。这就是兰迪和亚当的遭遇。

兰迪和亚当

兰迪哭着打电话给我，说亚当要求分居，她完全发狂了。这对夫妻已经结婚 20 年，兰迪一直认为一切都很好。他们的大女儿将在秋天去上大学，他们的儿子已经 16 岁了，如果这对夫妻想要去外面过周末，他足以照顾好自己。全家出去烧烤和海边旅行的夏日计划突然成为了泡影。

亚当承认他爱上了一起工作的一个女人，他想搬出去的原因之一是这样他就可以和她约会而不用感到内疚或偷偷摸摸了。然而，他同意一旦他在自己的公寓安顿下来，就去做婚姻咨询。兰迪在整个面谈过程中都在流泪，但她对亚当的突然决定提出了质疑。她觉得自己好像受到了出其不意的打击，而且她不知道亚当因为什么不快乐。

亚当说虽然家里放着他的衣服和书，但他觉得自己与兰迪和孩子们都很疏远。他们的儿子布莱恩让亚当感到相当挫败，他发现自己在下班回家的路上很害怕。对兰迪说"我爱你"已经成了一句毫无意义的话，他只是不想继续做他觉得虚假的事情了。尽管这对夫妻告诉我他们从未争吵过，但当亚当开始列举布莱恩的问题时，他明显既生气又烦躁不安。布莱恩不修边幅，举止无礼，完全不负责任，他可以睡上一整天，晚上拿着父母给的钱开着车到处跑。亚当无法忍受布莱恩现在这个样子，也无法忍受兰迪破坏他为布莱恩设立或执行行为标准的每一次尝试。

他们对孩子的期望的差异从一开始就很明显。亚当承认，当孩子们还很小的时候，他经常听从兰迪的安排，因为她是和孩子们在一起时间最多的人，而且她似乎很确定她的方式是最好的。但随着孩子们逐渐长大，亚当对兰迪松懈、放任的态度越来越不满。在他看来，两个孩子完全让兰迪对他们言听计从。然而，他们的女儿菲比似乎更有常识，而且受到了一群好朋友的影响，而布莱恩却抓住每一个机会去利用母亲的善良。结果，他有几门功课不及格，也没有上暑期学校补习或在暑期打工的计划。

尽管兰迪和亚当欣然回答了我问的关于他们是如何认识以及他们刚结婚时的情形的问题，但当我告诉他们我想了解一些关于他们童年家庭的信息时，他们很困惑。当我向他们解释了我之所以对此感兴趣的两个原因之后，他们同意讲述自己的童年家庭情形。这两个原因是：很明显，他们有不同的价值观并且对孩子有不同的期望，这是我想要更多了解的；更重要的是，我需要弄清楚这么严重的问题怎么会在一对从未吵过架的夫妻之间酝酿这么多年。

正如我预料的那样，这两个家庭的风格几乎完全相反。亚当的家庭重视教育，要求孩子努力学习，取得最好的成绩。兰迪不记得她的父母曾经对她有过期望。在某种程度上，她认为她的母亲更愿意她待在家里，只做母亲的朋友。亚当必须挣自己上学的学费，并帮忙分担家务，而兰迪则经常去夏令营，只是偶尔被允许去做临时照看婴儿的工作。最重要的是，亚当的家庭强调责任，以及每个家庭成员都有责任去实现可能的最高目标。相比之下，兰迪的家庭相对比较随便，很少质疑她尝试各种体育运动、音乐课或者各种课程然后又放弃的决定。

然而，他们父母的婚姻并没有那么不同。亚当的母亲是一位强有力的成功女性，在丈夫生意失败后，她最终接管了他的生意。亚当说："母亲管理着我们的家。她是我们必须始终要做出回应的人。"亚当的父母会吵架，但他的父亲总会让步。然而，亚当确信他的父亲拥有他母亲无法控制的个人生活。当我请他为我解释这一点时，他不好意思地回答说："我知道他至少有过一段婚外情。"

在兰迪的家庭里，一直是她的父亲在管事。兰迪的父亲脾气暴躁，对他的妻子和孩子都很专横。他大声喊叫的时候，他的妻子就会让步。但亚当插话说："她看上去像是让步了。然后，当你父亲不注意的时候，你的母亲就会做自己想做的事。你也是这么对我的。"

无论是兰迪还是亚当，都不是在父母能以一种尊重的方式讨论彼此的分歧或一起找到解决办法的家庭中长大的。面对愤怒的、控制欲强的伴侣，父母中的一方形成了一种被动地避免冲突，但同时拒绝受支配的风格。在他们 20 年的婚姻生活中，兰迪和亚当都对自己的愤怒情绪感到不安，并且会以改变话题或开玩笑的方式来处理两个人的分歧。亚当的大部分时间都花在工作或高尔夫球场上，很少提出会引起冲突的问题。现在，当他的家庭生活的许多方面都让他难以忍受的时候，他唯一的解决办法就是逃离。在他的幻想中，一个新的情人可能更喜欢他，如果分歧更少，他就永远不会感觉痛苦。只有当亚当意识到真正的问题是要学会捍卫自己认为重要的事情并为之抗争时，他才会重新致力于维护自己婚姻的完整。

谈论布莱恩，让亚当感觉到了自己的无力、怨恨和绝望。但是，通过坚持讨论这个问题，兰迪和亚当能够更好地理清情况并正确地看待问题。亚当意识到，他不仅害怕自己对兰迪感到愤怒，而且他也很难直接向布莱恩承认并表达自己的感受。在某种程度上，避免直接对抗，然后把责任推到兰迪身上更容易。兰迪也需要审视她与儿子的关系，以及她如何从来不处理她自己的感受，或是向丈夫直接指出他的缺席和他的批评态度。兰迪没用多长时间就意识到布莱恩让她觉得自己是被需要的，而且是很重要的，这是她从丈夫那里从未有过的情感体验。只有这样，这对夫妻才能开始弥补彼此的孤独感，并努力对对方做出更积极的回应。

心理治疗需要在布莱恩和他的父亲之间建立一种直接的关系，这是兰迪无法负责的。父亲和儿子花了一个周末一起去滑雪，并试着去了解对方。当亚当最终能够告诉布莱恩自己感到多么失望和沮丧时，布莱恩也能够表达自己的感受了，他觉得父亲不爱他并感觉自己不够好。通过把事情公开说出来，家里的每个人都体验到了诚实所带来的宽慰，以及可以解决而不是否认分歧的希望。

酗酒父母的子女的婚姻

据估计，当今超过 40% 的家庭中，父母中就有一位是在受酗酒或其他成瘾影响的家庭中长大的[①]。因为每个孩子都将自己家的相处方式视为是正常的，并将父母的婚姻作为所有亲密关系的标准，所以，从这些家庭中学到的经验教训正影响着成千上万的父母和孩子的生活——尽管酒精或毒品在家庭中可能是被禁止的！成瘾会损害一个人生活的方方面面，包括他或她如何担当伴侣或父母的角色。结果，家庭角色一定会转变，这会给孩子们带来直接的压力，他们要么被赋予太多的责任，要么被过度放任自流。但是，酗酒会在其他方面影响家庭，这带给孩子的教训与他们真正需要学习的相处方式是相反的。在造成孩子异常的教训中，排名最靠前的是压抑情感和否认个人的需要。

研究酗酒家庭的专家认为，造成孩子心理紧张和问题的不仅仅是酗酒行为。专门研究亲密关系的酗酒咨询师特伦斯·戈尔斯基（Terrence Gorski）说，几乎所有酗酒家庭的成年子女 (ACOA) 都无法维持健康的婚姻关系。由于他们所看到的父母互动的方式，酗酒家庭的成年子女不知道如何识别自己的感受，关注自己的内

[①]Gotlib, Ian H.,and William R. Avison."Children at Risk for Psychopathology." *In Basic Issues in Psychopathology,* edited by Charles G.Costello, 271–314. New York: Gilford, 1993.——作者注

心状态。在酗酒家庭中，醉酒后的爆发和冲突是连为一体的，要么是因为喝酒直接导致争吵，要么是因为被激怒的酗酒者会转向酒精寻求安慰。因此，酗酒者和那位共依存①的父母都试图否认或最小化可能导致冲突的分歧。相信家里"一切都好"也可以"证明"他们之间真的没有问题。因为感受和分歧是不被允许的，一个酗酒家庭的成年子女压抑了真实的自我，并且可能在成年后才会重新被发现，也可能永远不会。如果孩子成长在一个分歧必须被消除的家庭中，那么在他们结婚后会继续逃避与伴侣的冲突。同样，他们的孩子也永远不会有机会知道拥有和表达与他人不同的立场是安全的，也不会有任何成功地解决问题的方法。

在酗酒家庭中，焦点往往是"找出有问题的人"。因此，家庭成员可能会因为过度关注别人而忽视自己的问题。虽然酗酒家庭确实会因饮酒而爆发冲突，但其他问题，比如能力、谎言和信任，是得不到确认并且无法表达的，当然也是无法解决的。因为关于饮酒发生的争吵是激烈的，所以它们很快就会升级为尖叫冲突或狂喝滥饮，这会让孩子们认识到表达分歧将导致毁灭。

除非这些相处方式得到理解和改变，否则酗酒家庭的模式将继续存在。当心理学家卡洛琳（Carolyn）和菲利普·考恩 (Phillip Cowan) 与那些即将迎来第一个孩子降生的夫妻面谈时，20% 的准父母主动说自己是酗酒者的成年子女。尽管这些夫妻和其他夫妻在养育孩子的方式上并没有明显的不同，但研究小组发现，当他们在三年后评估这些夫妻的学步期孩子时，酗酒者的成年子女的孩子有更多的问题。到 5 岁时，这些孩子被幼儿园老师评估为在适应学校方面更困难，并且被描述为比其他孩子更孤僻或更具攻击性。显然，酗酒者的成年子女的孩子很难控制自己的感受，

---

① 共依存（co-dependency），最初专门用于描述酒精或毒品成瘾者身边的陪护人，陪护人觉得拯救他们是自己的责任，却因此使自己的生活脱离了掌控。后来共依存的定义被泛化，也包括了对强迫、成瘾、虐待或过度依赖行为的人施以援手或承担责任，并为此做出牺牲的人格特性。——编者注

也很难与他人相处。

过度依赖的家庭

功能失调家庭并不总是与酗酒有关。另一种造成问题的家庭风格是"纠缠",即家庭成员被施加压力,要求在行动和感受上完全一致。在这些家庭中,家人对彼此生活有相当程度的介入,并且会形成一种强调和奖励相似性和相同性的信念体系。对一个人有益的事情对所有人都有益。然而,在这些家庭中创造出来的和谐是昂贵的,因为个人的偏好和差异被否认了。

这些家庭对意见不一致时会发生什么感到高度焦虑。在大多数这些家庭中,前几代亲属之间发生的纠纷会导致关系完全断绝。那些被"逐出"家庭的祖父母、姑姑、叔叔的故事或记忆,永远不会再被提起。因为这些家庭无法容忍分歧,拒绝认同群体立场的家庭成员被视为忘恩负义的叛徒。最重要的是,当前围绕表达分歧所产生的焦虑情绪正在一代一代地传递下去。因为一个孩子的不服从会得到恐惧或愤怒的反应,所以这个孩子学会了服从更强有力的人的观点。由于没有能够成功地为自己的独立决定辩护并承担责任的经验,孩子仍然依赖于外部的认可和指令。作为成年人,来自纠缠型家庭的孩子会继续害怕分歧,因为这可能会导致冲突,然后造成灾难。

戴着玫瑰色眼镜生活

在我的来访者中,有很多夫妻无法就彼此的观点进行协商和处理，因为他们看不到彼此之间有任何分歧。在某些婚姻中，这是一种常见的现象，因为夫妻双方都倾向于把事情看成要么是完美的，要么是糟糕的。在这些我称之为"过山车式"的婚姻中，夫妻往往生活在周而复始的循环中。在幸福阶段，所有问题都被否认，但这是无法持续的，夫妻双方迟早会陷入绝望的深渊，分歧似乎势不可当。然而，也有一方或双方"戴着玫瑰色眼镜"的夫妻。在这种情形中，一个人认为事情是完美的，问题会被最小化或被完全否认。不幸的是，如果问题得不到承认，它们就无法得到讨论和解决。这可能会导致灾难，就像霍华德和佩妮的婚姻一样。

霍华德和佩妮

佩妮要求我安排最早的预约面谈，但不确定她是否会带她丈夫一起来。她确信她的丈夫霍华德有婚外情，尽管他否认了。这对夫妻最近有了他们的第三个孩子，霍华德是一个慈爱的父亲。然而，自从怀上这个孩子后，他们的性生活就少了，而霍华德花在工作上的时间也比以往多了。不过，佩妮没想太多，直到她接到了一个自称是霍华德的情人的女人打来的电话。她说很多晚上霍华德都和她在一起，包括出差的时候，甚至是佩妮生完孩子住院的时候。

在我们第一次见面时，虽然霍华德一开始否认自己出轨，但当我解释说，出轨通常是为了挽救一段因其他原因而失败的婚姻时，他不情愿地承认了。佩妮难以置信地看着她丈夫，说道："我还以为你很幸福。我以为我们的婚姻很完美。"

霍华德开始的时候欲言又止，但接着就像洪水溢出了堤坝。"你也许很幸福，但我已经很多年都不幸福了，这一点是塔米让我意识到的。你为孩子们而活，从来没注意过我是否幸福。"佩妮流着泪听着，霍华德继续着他的抱怨。"我讨厌你妹妹有我们家的钥匙，随意进进出出。我讨厌厨房的布置——为什么这一切不能按我想要的方式布置呢？你已经好几年没有真正和我做爱了——不像我们以前那样了。至于这个婴儿——嗯，我肯定会像爱她的哥哥姐姐一样爱她，但生她是你的主意，不是我的！"

佩妮摇着头回答说："我从来没想过你是认真的。你一分钟前说了一件事，随后就抛诸脑后。我们生活中的其他一切都很完美。我无法相信你真的认为这些事情如此重要。"

在随后的几次面谈中，佩妮解释说，她的母亲与肺气肿抗争了 15 年。在那段时间里，一家人都努力保持希望，他们也尽力保护母亲，试图用他们所知道的一切方式带给她快乐。佩妮是最小的女儿，当母亲病重时，她是唯一陪在母亲身边的孩子。随着母亲病情的加重，佩妮放弃了约会、课外运动，以及大多数年轻女孩都喜欢的活动。母亲去世一年后，佩妮遇到了霍华德。她那时 23 岁，几乎没有约会过，但她知道他就是她的梦中情人。

佩妮决心要让她的新家尽可能幸福。她是一位尽职尽责的母亲，将全部精力都倾注在她的孩子们身上。但佩妮也有着难以言喻的固执。正如她解释的那样："我脑海里有一幅我期待的画面，我会一直努力，直到它实现。"她梦想有一个亲密幸福的家庭，有三个忙碌的孩子，家人进进出出。但霍华德显然不这么想，可她没有意识到他的怨恨。

对我来说，重要的是要弄清楚为什么霍华德的担忧没有被倾听。虽然我能看出佩妮过度乐观的性格让她只是关注快乐的事，但霍华德似乎并没有很努力地就他的观点与佩妮进行协商。当我问起他父母的婚姻时，霍华德打了个寒战，回答说："两条梭鱼。"霍华德的父母似乎都是很强势的人，几乎在每个领域都为争夺控制权而相互争斗。霍华德说，他们的争斗让他感到不舒服，他曾发誓决不那样生活。虽然霍华德在自己布置家居的想法被忽视时，他会闷闷不乐；或者当他发现佩妮的妹妹在他们外出的时候待在他们家时，他会骂人，但他希望佩妮能领会到他微妙的抗议。当她试图对他的担忧轻描淡写时，他感觉自己是被迫放弃的。争吵会让他重复他父母的婚姻，这对他来说比屈服于佩妮坚定的意志更痛苦。

霍华德并不想要第三个孩子，但佩妮又一次没有听出他的担忧和矛盾心理。当霍华德在工作中遇到塔米时，他找到了一个可以倾诉的人。第一次，他感到有人在倾听和关心他的感受，而不仅仅是试图强迫他进入某种模式。最终，他们的友谊发展成了性关系，当塔米打电话给佩妮的时候，她确信霍华德永远不会放弃她。

通过孩子表达

只有通过说出并坚持你所相信的，才能在情感关系中获得真实性。也许一段真正亲密的关系中最重要的因素之一，就是双方都可以放下戒备，表达自己的个性。当人们无法说出自己的信念时，他们就会变得疏远和孤独。研究表明，那些停止表达自己的女性患抑郁症的可能性更高，而停止交流的男性会变得对自己的婚姻越来越疏远和不满[1]。与此同时，交流的需要并没有消失，这就导致了迂回和间接的表达。不幸的是，那些无法直接反对其伴侣的人会设法通过孩子表达自己的看法。尽管事实上这会将孩

---

[1]Harter, Susan."The Personal Self in Social Context."*In Self and Identity*, edited by Richard D. Ashmore and Lee Jussim, 81-105. New York: Oxford, 1997.——作者注

子带入与另一方父母的冲突，但这种策略经常被用来影响结果或报复对方。在我的记忆中，汉兹尔一家就是一个突出的例子。

汉兹尔一家

劳拉·汉兹尔因反复发作的抑郁症被推荐给我进行个体心理治疗。虽然劳拉在高中时有过几次抑郁症发作的经历，但她的症状在结婚后不久就变得更严重了。她的三个孩子的出生让她的状况更糟糕。到我见到她的时候，她已经因为丧失应对能力而住院五次了。除了无法下床，劳拉还很难忍受自己的愤怒，在她受到过度刺激或心烦意乱时，就会幻想出可怕的攻击行为。她服用药物来控制自己的幻想，但她会在面对任何人时变得完全沉默和孤僻。我们第一次见面时，我就很清楚劳拉对她的丈夫斯坦有强烈的情绪。斯坦也深受劳拉的抑郁症的影响，所以对我来说，他们作为夫妻接受治疗是很有意义的。

斯坦比劳拉大 10 岁，是一个非常专注、控制欲很强的人。一方面，他不得不这样做，因为劳拉情绪上的弱点经常让她感到困惑和不堪重负，无法管理家务。但这对夫妻平衡权力的方式也有一种心理因素。斯坦在他的原生家庭里被认为是"败家子"，大家都认为他能力不足，是注定要失败的人。接手劳拉的工作，管理他们的家务，使他倍感优越，并最终能够证明他的原生家庭对他的看法是错的。然而，斯坦也会感到疲惫和沮丧。很多时候，他下班回家发现劳拉睡着了，脏衣服堆得高高的，而且没有干净的盘子用来摆餐桌。

当我刚开始给这家人做心理治疗时，他们的大女儿蕾切尔才13 岁。为了维持家庭正常运转，她经常需要承担比自己该做的更多的责任，但在劳拉开心的日子里，她也能够放松一下，当劳拉能够把事情做好时，她就会卸下这些责任。相反，斯坦总是设想最糟糕的状况，他跟劳拉说话就像跟孩子说话一样。他每天都会给她指令，列出一长串要做的家务。劳拉很少质疑这些杂活，也很少质疑斯坦在家里大多数决策中的权力。

有一次，在我们开始面谈之前，我说到了附近一家正在施工、看上去快要开张的餐馆。我很惊讶地得知劳拉曾经是个喜欢尝试不同食谱的烹饪高手。当劳拉告诉我做美味煎蛋卷的秘诀时，她眼中的骄傲是我以前从未在她身上看到过的。但现在斯坦已经接管了全家人每一餐的食谱，并且坚持要做一些简单的食物，以防劳拉不会做。他甚至列出每个周末的购物清单，坚持每周买一次食物，以便让事情更简单。

我最近一次看到这对夫妻吵架，是劳拉嘟囔着说一次买一个星期的食物没有任何意义。她还说："当你都不知道家里哪些菜新鲜的时候，你如何计划做什么菜呢？"斯坦脸红了，回答说他已经做的够多了。这是他确保能把食品杂货买回来的唯一方法，而且当整个房子都一团糟的时候，还谈论精美的烹饪简直是疯了。当斯坦继续抱怨着客厅里的杂乱和脏乱时，劳拉却茫然地盯着地板。

但这并不是结束。尽管劳拉从未当面提出过她的异议，但她有办法破坏他的计划。我很快就了解到，劳拉经常带蕾切尔一起去杂货店买东西，有时也会带更小的孩子去。劳拉会说一些关于午餐的事，或者指着一种她在电视广告上看到的昂贵零食，不知不觉，孩子就会把一些特别的东西放在购物车里。当然，这将"迫使"劳拉临时改变斯坦的菜单，以保证不超过预算。当斯坦发现买回来的东西与他列出的清单不一致时，他就会抨击蕾切尔或其他孩子，对他们大喊大叫，说他们把他辛苦赚来的钱浪费在昂贵的甜点和零食上。在他看来，劳拉太软弱了，无法控制孩子们，这使他更加坚定地以他认为合适的方式来管理这个家庭。

随着蕾切尔年龄的增长，她对父亲的态度变得更加自信，对他的意愿更加不尊重了。如果斯坦对她的裙子的长短说三道四，或者谈论蕾切尔那周能有几个晚上去做临时保姆，她就会对他大喊大叫，说他是个独裁者。斯坦越严格、越有控制欲，蕾切尔就越会挑战他，并采取相反的行动。蕾切尔用语言和行动将母亲感受到却说不出来的告诉了斯坦。

权 力

一旦伴侣双方能够确定产生分歧的领域，下一步就是协商双方的立场，并努力达成解决方案。夫妻之间以什么方式做到这一点，在很大程度上会受到两人如何看待权力以及权力在两人间的分配方式的影响。家庭里的权力是女权主义学者尤为关注的一个领域。女性顺从男性是一个微妙而持续存在的现实，在我们的社会中根深蒂固，似乎是"正常的"。毫无疑问，孩子们通过观察父母的相处来学习性别适宜的行为。虽然这并不是男女权力格局代代相传的唯一解释，但许多心理治疗师认为，在使用权力解决分歧方面，孩子们会以同性父母为榜样。

伴侣之间有许多不同的方式来分配权力。一个极端是，婚姻中的一方更有权力，另一方则是甘心接受或被动接受。如果夫妻双方都接受其中一方对另一方拥有权威，那么这种婚姻就会变得非常和谐和互补。这种关系被称为"传统"婚姻，是大多数父母在成长过程中所接触到的"规范"。然而，女权主义学者认为，即使夫妻双方看上去都很幸福，但由于在金钱、权力和安全方面长期的不平等，这种安排会产生有害的后果 [1]。

---

[1]Hare-Mustin, Rachel T."Discourses in the Mirrored Room: A Postmodern Analysis of Therapy." *Family Process* 33(1994):19-35.——作者注

今天，越来越多的夫妻试图平等地分享权力，以便任何一方都能在任何特定时刻占据优势。通常情形下，这些夫妻必须努力适应彼此的强项和优先事项，并确保实现权力的平衡。虽然许多夫妻都认识到分享权力和共担责任的重要性，但大多数夫妻发现这很难实现。多年来，人们认为，金钱是决定哪一方在决策中最具影响力的关键因素。然而，在这个女性收入通常与丈夫一样多甚至更多的时代，这种模式已经有所改变。最近，家庭治疗师提出，人们对职业重要性的认知起着更大的作用。如果丈夫的工作被认为是更重要的，那么他就会在婚姻中被赋予更多的权力。如果妻子已经拥有受人尊敬的工作，那么她就更有可能在决策过程中拥有更大的发言权。当妻子不工作时，她们在照顾家庭和孩子方面承担更多的责任，但是，在其他事务中的权力会越来越小，比如在财务管理以及购买大件等。

很少有夫妻清醒地意识到权力在他们的关系是如何运作的，他们往往陷入几乎是第二天性的模式。一种当今相当常见的模式，是被家庭研究员约翰·斯坎佐尼 (John Scanzoni) 称为"初级 / 高级合伙人"的模式。在这种婚姻中，妻子通过与自己的工作或职业身份的联系来维持自我意识，但将丈夫视为主要的经济来源。夫妻双方都会感觉受到了尊重，但也会发展出一种导师关系，丈夫会倾听并重视妻子的想法和观点，但在做出最终决定时具有更大的权力。

我的来访者中有很多不能友好合作的夫妻，他们不是不断地争吵，而是最终划分出各自拥有权力和控制的领域。虽然确定的控制权永远不可能是绝对的，因为在共同生活中总会有一些重叠的部分，但这些伴侣会通过让其中一方成为某一特定领域的"专家"来努力避免冲突。一种典型的安排，可能是丈夫决定主要的支出和储蓄，而妻子会安排度假和家里的布置与装饰。

只要伴侣双方都同意他们的安排，他们就会有一种相对安全的方式一起解决问题。问题会出现在一方或双方改变了想法，并且不再接受他们之间的权力分配方式的时候。无论一对夫妻最初采用的是哪种权力分配格局，如果婚姻是建立在友谊和尊重的基础上的，就有协商和改变的空间。在伴侣感觉到安全、受重视的婚姻中，他们可以坦率、真诚地说出各自的关切。因为双方视彼此为朋友，所以他们可以在一种容忍甚至认可不同观点的氛围中开始沟通的过程。当伴侣之间恢复到不直接和不尊重的沟通方式和行为时，通常是有尚未得到解决的潜在的权力和控制问题。

病态的权力

为了婚姻的成功，伴侣之间需要有一种相互关心的感觉，以及对彼此的幸福的忠诚感。当双方的需要和观点存在冲突，并且各自都决定按自己的方式行事时，这种相互的关系往往会受到考验。在这种情形中，理解权力可能会被以哪些方式病态地使用——也就是说，以一种侵蚀善意这种健康的亲密关系最基本要素的方式——是至关重要的。在相互尊重的协商和通过胁迫、恐吓或控制而滥用权力之间有一个重要的区别。当伴侣中的一方为了维持控制或成为做决定的人而滥用权力时，这种胜利其实是虚假的，因为赢得战斗不能取代作为婚姻基础的善意和感情上的损失。

以下是伴侣们可能会滥用权力的一些方式。

召集援军

当伴侣中的一方担心自己的立场不占上风时，一种策略是请求重要的局外人提供额外的支持。通过威胁或实际上让父母、姻亲、兄弟姐妹或朋友参与进来，伴侣中的一方试图利用其他重要关系的影响来实现自己无法独自做到的事情。我记得有一对夫妻，他们的问题开始于丈夫丹的升职需要全家跨越几个州搬到另一座城市。他的妻子吉尔对自己的生活很满意，她极力反对搬家，但是她无法说服丹，让他相信搬家不符合全家人的最大利益。她要求立即进行婚姻治疗，试图利用另一种权力——专家观点。吉尔希望我作为婚姻治疗师完全站在她那边，利用我的专业权威告诉丹应该拒绝这次升职。当我没能传达出这个信息时，吉尔又恢复了她以前的强权行为，立即打电话给所有的大家庭成员。"你会害死你的母亲，"吉尔声称，"她为她的孙子孙女们而活，而你却为了自私的理由要把他们从她身边带走！"丹让步了，但是内心有相当大的怨恨。孩子们意识到他们被当成了人质，并且无法尊重父母中任何一方处理这种情形的方式。

情绪爆发

另一种形式的病态权力被称为"情感的力量"，出现在伴侣中的一方为达到自己的目的而变得歇斯底里或情绪爆发的时候。在很多方面，这类似于一个孩子闹脾气。一个孩子看到一位情绪失控的父母，可能会同情他或她的痛苦，但却不会尊重这位父母。这个孩子没有可以用来解决自己的问题的有效行为的榜样，而是得到一种功能失调的模式的样本。如果他选择不认同这位发脾气的父母，他可能会变得泰然自若，并且发誓永远不会通过这种幼稚的方式去表现自己的崩溃。为了做到这一点，他会倾向于压抑或完全否认痛苦的感受。对他来说，另一个解决办法是认同情绪不稳定的父母，并把情绪表现出来，而不是去学会控制和处理强烈的情绪反应。对于那位在不成熟的歇斯底里面前退缩的父母，孩子也会产生复杂的情感。由于没能维护自己的权利，这样的父母在孩子看来是软弱的。因而，分歧会导致两败俱伤的状况，而情感却被压抑了。

占据优势

有时，分歧可以通过伴侣中的一方运用自己的优势得到解决，但是，这种优势在其他情形中可能是一种长处，却不应该被用来对付自己的伴侣。对于一些夫妻来说，这可能是言语的力量。言语可能会成为伤害他人的弹药——尤其是当一方受过更好的教育或更有见识时，争吵的时候可以将伴侣逼入墙角。虽然身体暴力将在第7章得到深入讨论，但威胁使用身体暴力可以被认为是一种病态的权力。一旦一个人遭受到暴力，他就会预期到攻击行为并将其解读为值得怀疑或无关紧要的行为。施虐的伴侣会经常能够使用微妙的暗示来维护他的权力和控制。毋庸置疑，暴力的威胁可能会暂时压制住伴侣的反对，但很少能达成和谐或健康的解决方案。那些接触到的协商是建立在恐吓和强迫默许的基础之上的孩子，会有一个极其不正常的榜样。在他们看来，人生中只有两种处境：一种是通过无情的控制而获得的胜利，另一种是带有恐惧的默许。这两种方法都不能帮助孩子与他人建立成功的人际关系，也不能帮助孩子建立一种能提供自尊的身份认同。

拒绝提供资源

在就分歧进行协商时，一位伴侣拥有的任何资源都可以被使用或被收回。在婚姻中，这包括金钱、性，甚至家务。我认识一些妻子，当她们烦恼时，会拒绝给丈夫洗衣服，还有一些丈夫"根本没时间"完成在高兴的时候开始的房屋装修工程。离开也是一个类似的做法，因为当一方拒绝进一步交谈时，他就是在运用权力和控制。那些看到父母以这种方式进行交流的孩子没有机会看到成功的协商，而是看到了两个成年人的行为像孩子一样。

协商能力

在上述所有这些情形中，伴侣们都采取了不同的策略来获得权力和影响力，但没有发展出清楚地提出自己的观点和有效协商所需的技能。我发现，很多夫妻难以协商的一个原因是他们的原生家庭遗留下来的权力失衡的结果。通常，这些伴侣们从来没有发展出容纳自己的感受足够长的时间，以充分理解自己的立场的能力，而且他们会以间接的方式表达自己的不高兴。我治疗过的其他夫妻也面临着假设和预期之间的潜在冲突，这会立即使他们陷入病态权力占上风的境况之中。尽管在存在情感或身体虐待的夫妻中，有一些实际的因素需要考虑，但权力失衡往往是人们感知到的，而不是基于真实事件。

当一个人选择一个立场是因为相信这是人们对他的期望，或是因为他预测到的一系列事件，他通常是被与过去而非现在有关的信念所控制。当影响着他的是自己父母的婚姻蓝图时，尤其会如此。当伴侣们以他们看到的自己父母互动的方式处理分歧时，他们很可能回到了一种并不能夺得他们真正想要的东西的权力格局。

孩子们需要知道，父母可以灵活而热情地对待彼此。父母需要学会如何讨论达成不同决定的方式，而不是玩弄权力的游戏。通过协商家庭生活的基本规则，父母可以把自己和孩子从病态权力导致的破坏和不良情绪中解救出来。

面对面交谈

在成功的婚姻中，伴侣们能够倾听并对彼此的立场做出回应。因为婚姻是建立在友谊的基础之上的，所以双方的幸福自然而然会受到尊重。在不以权力和控制为核心问题的婚姻中，伴侣能够重视彼此的观点，因为通常双方都可以提供新的信息，从而可以产生更好的共同解决方案。为跨文化夫妻进行过治疗的家庭治疗师建议，夫妻避免出现问题的一个方法是在双方贡献的基础上建立两人自己的文化。在某种程度上，每种婚姻都是跨文化的，因为伴侣之间的喜好和处事方式总是存在差异。当夫妻能够倾听对方的观点而不感到被威胁或贬低时，他们通常能够更好地理解自己的伴侣，并与自己这个最好的伙伴合作而不是对抗。

来自这些家庭的孩子确实很幸运。家里有一种接纳的氛围，允许孩子和成年人表达自己的观点。那些看到父母双方能很好地表达自己观点的孩子会意识到，男性和女性都可以做出重要的贡献。研究表明，当父母能够在产生分歧的时候不生气时，孩子很少会受到不良影响。事实上，来自这些家庭的孩子在学校表现得更好，比那些父母因为协商分歧而导致痛苦和敌意争吵的家庭中的孩子更有自尊[1]。那些看到父母能够进行有效和尊重的沟通的孩子，更能成功地与同龄人进行协商，这对于他们长大后有效地解决亲密关系中的分歧，是一个良好的开端。

能够清晰而直接地沟通，可以提高夫妻成功地为人父母的能力。孩子们很少被错误地当成发泄愤怒的对象，或者被卷入与他

---

[1]Howes, Paul, and Howard J. Markman."Marital Quality and Child Functioning: Longitudinal Investigation."*Child Development* 60 (1989): 1044-1051.——作者注

们无关的冲突中。那些能够坦然地解决两人之间分歧的父母，不会感到厌烦和孤独，而是能够给予彼此安慰和支持。拥有一位能够分享感受并且可以依赖的伴侣的喜悦，只有通过完成解决分歧这一具有挑战性的任务才能得以保持。那些找到表达自己观点并相互倾听的方式的伴侣，才会获得最幸福的婚姻，而且这也会清楚地传达给他们的孩子。

问 题

1. 在你的父母的婚姻中，大部分决定是谁做出的？谁的观点更受尊重？

2. 在你们的婚姻中，谁的观点最重要？你们是一起做决定，还是分工负责？你认为你们做决定的方式有效吗？

3. 孩子们会觉得你们夫妻中的一个人是真正的"老板"吗？

4. 你如何了解自己受挫或不开心的感觉？你的伴侣通过什么线索告诉你他或她感到心烦意乱？

5. 当出现问题或分歧时，是谁试图开始讨论？你们是否有固定的时间或地点来进行这类讨论？孩子们是无意中听到的还是会参与其中？

6. 你是否曾经对那些已经做出的决定感到怨恨或沮丧？你会如何处理？

7. 当你的孩子试图在他们自己的关系中确立权力分配方式时，是否让你想起自己或伴侣曾经的经历？

第7章

了解冲突的长期影响

"我永远不会忘记我们吵架时孩子脸上的表情"

　　当伴侣不能以一种公平、尊重的方式讨论和解决两人的分歧或卷入权力之争时，每个人都会受到不利影响。每对夫妻都会有两人感到有强烈分歧的问题，而且也有看不到妥协的时候。虽然对所有的夫妻来说都是如此，但对已经为人父母的夫妻来说尤其如此。事实上，大多数夫妻会发现孩子的出生会给他们带来幸福，但也会让他们的婚姻更有压力。许多研究表明，当家里有小孩子和青春期孩子时，夫妻之间最容易产生分歧并对婚姻感到不满。婚姻满意度看起来像字母 U，在孩子出生之前和"空巢"来临时，幸福水平很高，但在养育孩子这个充满挑战的时期，幸福水平较低。在孩子出生后最初的一年半里，丈夫和妻子都必须努力适应新职责划分的变化，以及两人爱情生活的变化①。当钱不够用时，这方面的争吵也会出现，夫妻双方更有可能对他们的生活总体上感到不满。

---

①Cowan, Phillip P., and E. Mavis Hetherington. *Family Transitions.* Hillsdale, N.J.: Lawrence Erlbaum, 1991.——作者注

破坏性冲突对孩子的伤害

正如第 6 章所述，有许多处理分歧的方法，但往往无法达成可接受的解决方案，并且会导致全面冲突的状态。虽然冲突不一定是破坏性的，但许多夫妻吵架的方式导致了善意和感情被侵蚀。同样重要的是，破坏性的冲突会对孩子造成伤害。这是一个被深入研究的家庭治疗领域，而且研究结果非常明确：目睹父母破坏性冲突的孩子会受到伤害。在考虑婚姻冲突时，可以看看双方表达敌意的水平、频率和方式，以及与未解决的冲突相关的紧张关系和相互不理睬。每一种都会对孩子产生直接有害的影响，还会造成具有长期性后果的情感创伤。

当父母之间发生身体暴力时，对孩子的伤害是最严重的。虽然大多数夫妻并不认为自己生活在一种虐待关系中，但婚姻暴力比人们愿意承认的更为普遍。身体攻击包括扔东西、打人或扇耳光，很多人在生气时会这么做，但他们不愿承认。在一项研究中，大量三年级和八年级的学生被问及观看的录像中父母互相冲对方吼叫的问题。其中 70% 的学生认为这种争吵可能会演变成"肢体冲突"。调查配偶虐待行为的研究人员认为，这种情形发生的概率高达 40%，尽管大多数夫妻因为感到难堪而试图保密。

当伴侣之间发生虐待时，他们很少会努力保护孩子，不让孩子知道、目睹甚至卷入暴力之中。朱迪斯·沃勒斯坦采访了一些父母离婚的孩子，发现大多数孩子在父母离婚前后都目睹过父母之间的虐待行为。这些孩子中的大多数都对暴力深感不安，并且无法从这段经历中恢复过来。虽然还不清楚他们的父母在其他时候是否也会发生虐待，但沃勒斯坦认为，夫妻在孩子面前表现出暴力行为并不罕见。也许父母希望有人见证他们所遭受的痛苦；也许他们需要一种安全感：知道如果事情完全失控，有人能干预并阻止他们。看到父母中的一方被另一方拳打脚踢，是一个孩子永远不会忘记的经历。

目睹过父母之间暴力行为的孩子再也不会像从前一样了。这种影响会体现在他们无法集中精力完成学校的功课上，也体现在他们跟同龄人的关系变得紧张。女孩往往会变得沮丧、孤僻和缺乏安全感，而男孩则变得更有攻击性——在家里是这样，对朋友和同学也是如此。一些目睹母亲被虐待的孩子，会对自己的母亲过度关注，从而逆转亲子关系并变得早熟得多。

父母之间的身体攻击，会在孩子长大并离开家很久之后仍然继续影响他们。作为成年人，这些孩子往往会在亲密关系中出现虐待行为。事实上，预测男性是否会对伴侣使用暴力的最可靠指标，就是他是否来自一个目睹过父母之间暴力的家庭。目睹过父母间暴力的女性特别容易成为虐待关系中的受害者。研究人员对一些家庭进行了长达12年的跟踪调查，结果显示，父母之间的暴力行为会使成年子女经历人际关系暴力的几率增加近200%[1]！

如果存在婚姻冲突但没有身体暴力会怎么样呢？过去人们认为，父母之间的冲突对孩子造成的唯一伤害是间接的，那些被婚姻压力所困扰的父母无法专心养育孩子或享受养育子女的乐趣。确实如此。研究表明，婚姻存在问题的母亲很少与自己的宝宝快乐地玩耍。然而，随着孩子长大，婚姻不幸福的母亲会做出完全相反的事：她们会以在孩子看来是一种打扰的方式过多地介入孩子的生活。

如果婚姻问题导致抑郁，那么孩子就会受到很大的影响。大多数因抑郁症而寻求专业帮助的女性说，她们的情感关系是头号

---

[1]McNeal, Cosandra, and Paul R.Amato."Parents'Marital Violence: Long-Term Consequences for Children."*Journal of Family Issues* 19,no.2(1998): 123-139.——作者注

问题。母亲一旦抑郁，就会变得沮丧而孤僻。在这种状态下，她无法拿出足够的精力来照顾她的孩子，并且可能会变得消极和冷漠。她们对孩子不仅缺乏关爱和兴趣，还缺乏执行规则的精力。

发生冲突的父母肯定会把他们的问题带到孩子的养育中。研究表明，这些父母对自己的孩子更挑剔，并且更有可能以相互矛盾的方式管教孩子。由于某种原因，不幸福的父亲对他们的女儿会有更多否定，也许是因为女儿会让他们想起自己的妻子。婚姻不幸福的父亲往往会从家里退出；除了放弃作为丈夫的角色外，他们对孩子的关心也越来越少。父母之间的紧张和愤怒似乎会蔓延到父母一方或双方与孩子的关系中。孩子们的反应会使问题恶化，因为他们为回应家里的紧张气氛，往往会变得更有破坏性。

除了父母的心事重重所造成的后果之外，孩子们还会受到婚姻关系紧张和冲突的负面影响。在过去的十年里，几项重要的研究清楚地表明，当孩子们目睹父母破坏性的争吵时，所有年龄的孩子都会受到伤害。那些来自不知道如何以建设性的方式表达分歧的家庭的青春期孩子和年轻的成年子女，会有焦虑、神经质和药物滥用的问题。虽然有些孩子会有即时反应，但我也发现，对另一些孩子来说，父母争吵造成的问题只有在他们长大后准备有自己的孩子时才会完全显现出来。

当孩子们看到成年人以一种敌对的方式互动时，他们会立即变得焦虑和沮丧。对于年幼的孩子来说尤其如此，他们可能不明白争吵是怎么回事，但对情绪上的紧张与不和会有反应。学步期的孩子看到父母吵架的次数越多，他们就会变得越没有安全感、越焦虑。通过捂住耳朵或试图离开房间，以及变得焦躁不安或无法集中注意力，学步期的孩子向父母显示了他们无法用语言表达的感受。

如果一个孩子看到他的父母陷入了激烈的言语冲突，他就会预料到这类争吵可能再次发生，并在出现任何程度的分歧时都会变得很警觉和留意。这些孩子会开始过多地关注父母的互动，而

不是专注于玩耍 ①。这方面的一个例子，就是几年前我被邀请对其进行心理治疗的一个可爱的小男孩。

乔 丹

乔丹在 20 个月大的时候被带去做了一次全面的神经系统检查。他的父母安和史蒂夫认为他有多动症，但医生不这么认为。一开始，安和史蒂夫说家里一切都很好，没有太多压力。然而，当我问到他们有关健康常规评估的问题时，出现了一个非常不同的情形。当安怀上乔丹时，史蒂夫被诊断出患有浸润性癌症。他从没想过自己能看到他唯一的孩子出生，但奇迹一般，他的癌症得到了缓解。现在，安想再生一个孩子，而史蒂夫完全反对。他每天晚上都担心癌症会复发，担心安会成为寡妇。这显然是一个"热点"话题，不出几秒钟，他们的声音就变得很大，并且情绪很激动。当安和史蒂夫继续他们的交谈时，一直在我办公室地板上静静地玩积木的乔丹开始扔他的玩具，并扑向了我的电话。他的"多动症"行为显然是对他的父母关系中的压力的反应。安和史蒂夫停止了他们的讨论，指着乔丹对我说："看，他在家就是这样。"当安和史蒂夫按照我的吩咐能够手拉着手，平静地谈论着各自不同的观点时，乔丹很快就安静下来并开始玩耍了。

---

①Cummings, Jennifer S., David S. Pellegrini, Clifford I.Notarious, and E.Mark Cummings."Children's Responses to Angry Adult Behavior as a Function of Marital Distress and History of Interparent Hostility."*Child Development* 60 (1989): 1035–1043.——作者注

冷 战

　　小孩子对父母之间关系的紧张程度会有很强烈的反应，并且对"冷战"的敏感就像父母大声争吵时的敏感程度一样。夫妻吵架时的一个常见模式，就是无视他们的伴侣。正如大多数人知道的那样，这不是在情感的真空中发生的，而是伴随着充满敌意的眼神和其他显现出郁积的愤怒的行为。研究表明，有些孩子对这种类型的冲突比父母之间公开的争吵更敏感。同样，年幼的孩子反应最强烈，他们会变得沮丧，并且随着时间的推移会变得抑郁。

　　但是，大一点的孩子也不会更好。几项研究表明，与来自稳定家庭的孩子相比，那些生活在父亲婚姻不幸福、冲突频繁的家庭中的青春期前的孩子的依赖性更强。那些母亲婚姻不幸福的孩子会出现没有安全感的问题。甚至那些说自己的父母最近发生过冲突的在校女大学生，也被发现更容易出现抑郁以及人际关系的问题。乔恩·戈特曼（Jon Gottman）深入研究了父母冲突对孩子的影响，他发现，那些通过轻蔑和好战表达自己敌意的父母，他们的孩子通常会变得更具攻击性。但是，那些通过逃避来表示对抗的父母，他们的孩子往往会内化他们的问题，并变得沮丧和焦虑[1]。

离婚的后果

　　目前的研究表明，尽管离婚对孩子们来说可能是一种痛苦的

---

[1]Hooven, Carole, John M. Gottman, and Lynn F. Katz."Parental Meta-Emotion Structure Predicts Family and Child Outcomes. "*Cognition and Emotion* 9, nos.2 and 3 (1995): 229-264.——作者注

经历，但那些在具有长期破坏性冲突的家庭中长大的孩子会受到更为严重和持久的伤害。最近的几项研究发现，如果父母以一种相互尊重的方式离婚，不把孩子夹在中间，孩子会做出很好的心理调整。相反，如果父母在离婚期间或之后争吵激烈，孩子会有严重的调适问题。

那些经历过父母艰难离婚的孩子，能够告诉心理治疗师对他们来说最糟糕的事情是什么。位于前列的是孩子被夹在中间。当父母中的一方要求孩子站在自己这边而与另一方对立时，孩子就会处于一个压力很大、左右为难的状况。不得不选边站，会将家里变成战场，并且会加剧孩子们已经体验到的紧张。当女孩被迫把她们的父亲视为恶魔时，她们就会对男性和婚姻的安全性形成一种消极的信念。一个被要求站在反对自己的母亲一边的女孩，会对自己是否有能力成为一名出色的女性产生难以忍受的内疚和困惑。男孩们也不喜欢偏袒任何一方。如果一个男孩被要求站在父亲这边来反对母亲，那他会有抛弃其重要养育者的风险，并且也会感到内疚。如果他站在母亲这边，就失去了和父亲亲近的机会。

当父母因为孩子争吵时

孩子们对父母争吵的内容也极其敏感，当他们认为自己是父母争吵的原因时，他们会变得非常痛苦。事实上，父母经常在养育孩子的问题上产生分歧。在我的来访者中，大多数父母似乎都认为，他们的孩子结果会怎样反映了他们在养育子女方面做得有多好。因为即使是很小的决定也可能会产生重大的后果，所以大多数父母在不同意伴侣的做法时，都随时会有力地挑战伴侣。不幸的是，引发这种争吵的能量来自父母对孩子的爱，而他们根本没有意识到，由此导致的婚姻紧张和冲突，可能比引发争吵的问题对孩子更有害。

在如何养育孩子的问题上没有分歧的家庭是很少见的。大多数父母对于管教孩子都会左右摇摆，就像跷跷板一样，其中一方的"强硬"立场平衡了另一方的"温和"、骄纵的立场。许多男性觉得自己的妻子把孩子当成"婴儿"，比他们希望妻子做的更宽容，要求更少。男性和女性之间的差异早在婴儿刚出生后的头几个月里就可以看出来。妈妈们通常会轻声细语地跟宝宝说话并抱着婴儿摇晃，而爸爸们则会给孩子挠痒痒并进行身体刺激。

除了父母平衡养育和鼓励的方式不同之外，父母各自对孩子的期望几乎也总是不同的。正如家庭治疗师所熟知的那样，父母们争吵的一些问题是自己童年时期的问题遗留下来的情感炸弹。很多时候，父母会试图消除自己童年的影响，并且会将自己与孩子的情感和经历混淆。因为这些交流带有强烈的情感，而且不被理解，试图干预的那位伴侣会发现自己卷入了激烈的冲突中。

小男孩的父母很可能会因为儿子的男孩子气或女孩子气倾向而争吵。尤其是父亲们，他们往往会对自己认为柔弱的行为感到焦虑并做出反应。他们希望自己的儿子成长为有进取心、自立的男人，并相信母亲妨碍了这一过程。例如，当一个小男孩因为面对困难而变得焦虑，或者因为感到不知所措或伤心而哭泣时，他的母亲可能会张开双臂拥抱他或口头安慰他。这时，父亲有两个问题需要回应：他担心儿子没有学会如何克服恐惧去做该做的事，以及儿子对母亲产生了过度的依恋。在我们这样的社会里，有一种不言而喻的恐惧：一个柔弱的男孩会成为同性恋，女性的影响会导致男孩一生顺从。有些男性无疑会反应过度。因此，当小男孩不够好胜或不够主动时，他们的父亲就会嘲笑他们，奚落他们，甚至骂他们"胆小鬼"。为了保护儿子，丈夫还可能会指责妻子造成了儿子这些不可接受的女性化行为，并会以导致争吵的方式攻击妻子。不幸的是，大多数此类争吵都是当着孩子的面不由自主地发生的。这种行为不但不能纠正这种情形，反而通常会导致母亲和儿子深深地感到自己不够好以及对父亲的怨恨。

作为一个 8 岁男孩的母亲，我发现，这种互动在诸如社区溜冰场或足球场之类的公共场所并不罕见。看着我的朋友和邻居们因为他们的儿子跌倒并开始哭，就突然发生这种争吵，我感到很痛苦。如果男孩没有站起来，并完全无视自己的疼痛或恐惧，他的父亲就会变得很生气并无法忍受。如果母亲上前给孩子一个拥抱，或者试图擦去孩子的眼泪，很多父亲就会变得充满敌意，指责母亲毁了他们的儿子。接受这一指责并转身离开的母亲会让儿子既感到被抛弃，又感到要为造成自己的父母很不愉快负责。尽管男性自立的品质得到了强化，但这是以牺牲其他情感需要为代价的——这是许多心理学家认为会导致疏远和情感疏离的一种模式。

以孩子为借口吵架

父母因为孩子而进行的争吵，其实往往与孩子无关。通常，父母们是在为涉及他们自己的事情而争吵，但这些事情是他们之前没有勇气或没有意识到要讨论的。在某些情形中，父母中的一方可能会认为自己并没有真的被某些问题所困扰或影响，或者认为不值得为了这个问题而引发潜在的冲突。然而，孩子做出同样的行为可能会刺激这位父母进行强烈的攻击。同样，对于自己否认其重要性的事情，当它涉及孩子时，可能会做出激烈的过度反应。斯坦顿一家就表现出了这种行为模式。

斯坦顿一家

约翰和梅瑞迪斯·斯坦顿在梅瑞迪斯的个人治疗师的建议下开始了夫妻治疗。梅瑞迪斯已经开始了抑郁症的治疗，她的治疗师认为其抑郁症与婚姻问题有关。这对夫妻结婚已经20年了，有两个十几岁的女儿。表面上，他们是一个幸福的家庭，但为了维持这一表象，许多问题都被否认或搁置一边。

约翰是一个有魅力的、聪明的男人，他深爱着他的妻子和女儿。约翰出身贫寒，而且作为五个孩子中排行中间的一个，没有得到过太多的关注。当我问及他父母的婚姻时，约翰回答说他父母的婚姻很美满，但他们一直因为金钱而争吵。约翰觉得，他的父亲尤其是个失败者，因为父亲挣的钱永远都不够养家糊口。由于经济压力，约翰在临近毕业之前辍学并开始创业，他的生意多年来蒸蒸日上。梅瑞迪斯在整个童年时期也感到被忽视，因为她的母亲必须要同时照顾生病的姐姐和一个患有慢性病的孩子。为了控制局面，她的母亲变成了一个对每个人都发号施令的"专制者"，没有时间"闲聊"。除此之外，梅瑞迪斯的父母在一起的时间很少，他们似乎总是忙于其他的兴趣和事情。梅瑞迪斯已经学会了把自己的感受藏在心里，经常一个人在自己的卧室里弹吉他。

两人婚姻的最初几年比较顺利，梅瑞迪斯很快就怀孕了，她和她的丈夫都很享受为人父母的感觉。在大多数事情上，约翰是一家之主，决定住哪所房子，买哪辆车，以及怎样度假。尽管梅瑞迪斯对自己的感受很迟钝，也没有什么创造力，但约翰却充满了创造力，并很有计划性。然而，约翰的大多数想法都很成功，所以梅瑞迪斯越来越不能自信地表达可能会打断事情进展的观点。最后，梅瑞迪斯开始觉得自己完全被约翰取代了。从与女儿的老师打交道，到处理与干洗店的纠纷，他会就如何处理各种情形给出建议。这些年来，梅瑞迪斯变得越来越冷漠和沮丧，所以她很少期待与丈夫单独相处，也很少找他交谈。

我开始接待这对夫妻来访的那个春天很有趣。他们的大女儿金姆刚上大学一年级，还没有决定主修什么专业。她计划回家过暑假，并向她父亲提到她需要找一份工作。我一直在慢慢地探索梅瑞迪斯对她在婚姻中的无力感和她内心郁积的愤怒的觉察和感受。我也开始探究约翰对于有一个如此能力不足和依赖性的妻子的怨恨。然而，在金姆回到家之前，一切都比较平静。

约翰给金姆列出了一份他认为可能会在暑假雇用她的生意伙伴名单，并开始和她谈论早点专注于一个专业的好处。当梅瑞迪斯听到他们的讨论时，她大发雷霆。梅瑞迪斯开始大叫，认为约翰是时候让金姆过自己的生活了。他不应该给她施加压力，让她按照他的方式去做。她有能力做出自己的决定，创造自己的生活。约翰咆哮道，是时候让金姆了解生活的真实面目了，也该让她明白承担责任的重要性。

在我的敦促下，这对夫妻在面谈的过程中继续他们的争吵。这一次，我让梅瑞迪斯用"我们"，而不是"金姆"，让约翰用"你们俩"。几分钟之内，这对夫妻就意识到他们并不是为了金姆而争吵。他们第一次直面自己的分歧。虽然这对夫妻花了几个月的时间才能充分表达和理解他们的怨恨和改变的愿望，但在那次面谈后，他们回家之后都向金姆表达了歉意，因为他们把她卷入了一场完全与她无关的争吵。

孩子作为调解人

孩子们也讨厌成为家庭中的"调解人"。当父母争吵时，孩子们会尽最大努力阻止。就在前几天，我 5 岁的女儿打断了我和丈夫之间一场激烈的讨论。"妈妈，你去餐厅，爸爸，你去厨房待五分钟，直到你们能学会互相友好地交谈。"她的"暂停"跟我处理她和她哥哥之间争吵的方式没有太大不同，但她打断冲突的力量让我看到了她有多么烦恼。

在父母争吵导致肢体冲突的家庭中，孩子们更倾向于努力干预。由于害怕事情会再次失控，孩子们会采取行动，在冲突变得更有破坏性之前制止争吵。然而，尝试终止争吵是孩子们讨厌做的事情，尤其是因为他们可能会突然成为父母发怒的目标。许多孩子觉得自己被不公平地发泄怒气的父母当成替罪羊或是被找碴的对象。也许他们是正确的。即使他们能让自己免于成为父母一方的发怒对象，但充当调解人也会给孩子带来不公平的负担。海伦就是一位深受这种情形影响的年轻女孩。

海伦

海伦是在 17 岁时一次自杀未遂之后被转诊到我这里的。尽管海伦有一张漂亮的脸，但她至少超重了 27 公斤，多年来一直被其他孩子嘲笑。导致海伦自杀的原因是她获得了一所著名大学的奖学金。虽然她的移民父母认为海伦应该去当地的学院上学，或者找一份全职工作，利用晚上完成学业，但是海伦自己的想法不一样。她非常聪明，努力学习并取得了好成绩。凭借高中毕业生学术水平能力考试（SAT）的高分并在指导老师的鼓励下，她申请并获得了一份高额奖学金。

然而，海伦对离开家感到很矛盾。多年来，她的父母一直在激烈地争吵，似乎彼此憎恨。海伦的母亲经常向女儿说她多么痛苦。每天放学后，海伦的母亲会给海伦一些饼干和牛奶，同时向海伦抱怨海伦的父亲在前一天晚上强行要求和自己发生性行为或者拒绝给她足够的钱来买食品和日用品。当她的母亲大声抱怨的时候，海伦会一直吃……吃啊，吃啊。当海伦的父母吵架时，她的母亲会利用海伦作为中间人。"告诉你爸爸，该吃晚饭了……告诉你爸爸别再生我的气了……看看你爸爸能不能多给你一些钱，这样我就能给你买一件新毛衣了……"

现在，海伦有机会实现她所有的梦想，但她觉得如果自己离开了家，母亲将会无法应付。由于无法求助于自顾不暇的母亲或她一直鄙视的父亲，她唯一的解决办法就是自杀。

孩子的迂回办法

那些目睹父母冲突的孩子，可能会找到另一种方法来解决家里的紧张与不和谐。太多的孩子发现，通过成为"问题"，他们能够迫使父母放弃任何正在争吵的事情，以便共同致力于两人都关心的孩子。这种模式是在 30 年前发现的，并且在最近对存在各种行为和心身问题的儿童的研究中得到了证实。

父母们通常没有意识到，他们为了回应孩子的这种"特殊需要"，而转移了对他们之间的分歧的注意力。在研究中，这类夫妻很少会谈及婚姻冲突，而是会深入地描述孩子的问题。然而，那些拥有稳固婚姻和健康的家庭关系的夫妻是不同的，因为他们更容易承认和发现分歧，而不是完全否认它们。在那些父母否认存在婚姻问题的家庭中，孩子们通常会意识到分歧。他们会谈论父母相处中的问题，并责备自己造成了父母之间的紧张。许多孩子出现了表明有潜在的抑郁和焦虑的其他症状。

父母化的孩子

当一个像海伦这样的孩子被卷入父母的冲突时，她要么成为调解人、中间人，要么成为靶子。她不再是一个承担很少责任的孩子，而是承担起了父母的责任。这时，这个孩子接手了照料家庭的工作，而他的父母继续着他们不负责任的幼稚方式。格雷戈里·尤尔科维奇(Gregory Jurkovic)描述了这如何导致一个"父母化"孩子的诞生，孩子因此受到的伤害是很少有父母愿意看到的。被置于这种境地的孩子往往来自那些功能失调的家庭，冲突或离婚、滥用药物或经济状况使得父母中的一方不堪重负，并且无力承担其责任。由于被迫提前长大，这个孩子会对成年人产生普遍的不信任感。此外，父母化的孩子往往会形成低自尊，并继续他们将别人的需要放在首位的责任模式。对他们来说，发现自己一直在照顾别人，甚至寻求能确保这种模式的亲密关系，并非是不同寻常的。

孩子在成年后出现的其他问题

在破坏性或长期的冲突中长大的后果，往往直到孩子很久之后的生活中才会被充分认识到。朱迪斯·沃勒斯坦在对离异家庭子女的追踪研究中，对父母冲突的长期后果有了更多的认识，她把这种现象称为"沉睡"效应。尽管有些孩子似乎在父母离婚五年后做出了很好的调整，但当他们离开家，开始面对发展自己的亲密关系的前景时，往往会出现严重的问题。这时，他们有关父母的痛苦记忆会被重新唤醒，从而导致不信任、怀疑和自我毁灭的行为。

孩子们受到父母冲突影响的另一种方式，是对人际关系紧张和冲突的高度敏感。研究表明，那些看到父母表现出攻击性的孩子，会将不具有攻击性的中立行为理解为敌对行为。换句话说，他们会预期发生冲突，并且能在完全不存在冲突的情形中看到冲突。不幸的是，这种认知方式并不局限于目睹父母冲突的那段时间，而是会造成终身的精神创伤，因为感知和归因的内在机制已经发生了改变。

在我的婚姻治疗实践中，我经常帮助夫妻检查他们对彼此的话语和行为的反应。当一个人把他的伴侣的话语理解为讽刺或贬低时，他会以防御或攻击的方式做出回应。然而，很多时候，伴侣说的话会被断章取义或完全误解。很多时候，伴侣中的一方不会要求对方澄清自己的意思，而是想当然地认为自己对情形的估计是准确的。根据我的经验，在这方面问题最严重的夫妻，是在经常发生破坏性的婚姻冲突的家庭中长大的。这些人认为故意破坏和敌意是婚姻的主要特征，即使目前还没有发生这种情形，他们也会体验到。彼得和凯瑟琳就是一个很好的例子。

彼得和凯瑟琳

彼得和凯瑟琳就是我在引言中提到的那对夫妻，他们在听了我在研讨会上的演讲后打电话给我。当他们"为了他们的孩子"让我帮助他们改善婚姻时，我很感动，我发现他们很坦诚，也很有动力去改善他们的婚姻。他们争吵的一些事情与经济压力有关，因为婴儿出生后，凯瑟琳已经请了四个月假，并希望保持半日制工作，直到艾米安心地进入托儿所或幼儿园为止。彼得是个自我雇佣者，由于未知的原因，他的生意最近急剧下滑。虽然彼得努力创业，热爱自己的工作，但他也在认真考虑接受一家知名公司的工作，只是为了有一个稳定的收入。因为凯瑟琳的家庭相当富裕，她希望能够为艾米做些事情，并且对自己不能为女儿提供想要的生活感到很沮丧。每当她看到别的母亲为女儿买衣服，而她知道这些衣服也很适合艾米时，她就会被嫉妒击垮。如果她实在受不了并买下那套衣服，彼得会大发雷霆。但如果她忽略它，她就会整晚都想着它，还会因为彼得做了或没做的小事冲他发火。

许多夫妻为了金钱和花销而争吵，但不像这对夫妻那么激烈。他们知道这是一个复杂的问题，但不知道如何更有建设性地向彼此提出来。我提出，了解他们的童年情形会很有帮助，并请他们告诉我更多。彼得说，他和父母双方的关系都不太好。他说他的母亲是"批评女王"，但他的父亲更糟糕。"在他看来我所做的每一件事都不够好……他表现得好像自己有权掌控一切。"当我问彼得他父母之间是否也是这样时，他很快补充道："我父亲对我母亲的要求甚至比对我还苛刻。我认为这是会传染的，从父亲传染给了母亲，然后传染给了三个孩子。"

我问彼得，他是否认为自己现在的生活与以前有什么相似之处。一开始，他没有意识到有任何相似之处，但是之后他将凯瑟琳没有"足够的"钱花给他带来的感受和他父亲过去给他带来的感受联系了起来。"我认为凯瑟琳完全不懂得感恩。我甚至认为她没有意识到我为她付出了多少，她只有不到一半的时间在工作，而我承担了家里所有的经济压力。"凯瑟琳突然插话，抗议说那根本不是真的。"我一直试着和彼得谈，但他就是不听。当我无法给宝宝买些特别的东西时，我真的很难过。但这可能是因为我的家庭问题。"

凯瑟琳继续解释说，她的父亲是一名建筑师，赚了不少钱，但非常吝啬。"这很有趣。我们有一艘船，全家人会一起出去度假，但我母亲总是为了买衣服或家具而争吵，我父亲现在也还是那样。他们从不去高档餐厅，虽然他们负担得起，而且我的母亲很乐意去。我想，归根结底，他们会把钱花在我父亲想买的东西上。"我让凯瑟琳告诉我更多关于她父母的婚姻状况。"嗯，在某些方面，他们的婚姻跟我公公婆婆的情形很像。我母亲没那么挑剔，但我父亲对她很凶。他对每个人都有很高的期望，如果事情没有按他想要的方式处理，他就会发狂。"

我说道，有两个问题对他们来说似乎是高度重合的。一个是认为自己被一个贪得无厌、不知感恩的伴侣支配，另一个是认为伴侣要求完美并拒绝任何不完美的东西。凯瑟琳和彼得开始一起思考这两个问题是如何悄悄潜入到他们的婚姻中的。彼得首先承认，他经常认为凯瑟琳把他看得很无能，而且她的需要是永无止境的。"她不需要说出来。她就是这么看我的。然后，我就会对她大发雷霆。我会想，你这个忘恩负义的泼妇！你一定要得到自己想要的一切，否则我对你来说就是毫无价值。"凯瑟琳说："我觉得有时候我确实期待得到我想要的一切。我并不总是知道彼得的生意怎么样，而且有时我觉得他对我有所隐瞒。他按照自己的方式行事，把我放在最后。但是，他对批评非常敏感。如果我说了一件我期待有所不同的事情，他就不会听了。如果一切并非完美，我为什么要假装都很完美呢？"

没过多久，凯瑟琳和彼得就明白了这种理解事情的方式将他们的生活变成了自己父母婚姻的重演。凯瑟琳预料到彼得会有所保留，当她想到这种情形发生时，她就会怨恨。彼得经常想当然地认为凯瑟琳很挑剔，对他作为养家之人和伴侣很不满意。她的沉默常被认为是不赞同的信号。当我看到这对夫妻的信念和预期如何导致他们扭曲事实时，我开始打断他们，并问："你们觉得自己的伴侣现在在想什么？"当彼得和凯瑟琳开始花时间检查自己那些想当然的假设是否准确时，大多数时候他们发现自己从伴侣的反应中读到了一些根本不存在的含义。但是，一旦老问题和愤怒占据上风，他们就会把彼此看作是以前的那个幽灵。心理治疗需要帮助他们质疑并改变自己的预期，以便他们可以证实彼此之间是相爱和相互支持的。通过相互确认，以爱的方式行事，他们可以抑制快速导致疏远和恶意的不信任感。

在我们最后一次面谈结束几个月后，凯瑟琳打电话给我，告诉我一切进展顺利。她和彼得现在都觉得他们非常幸运能拥有彼此和他们美丽的女儿，并且觉得他们确实是互相支持的。曾经让他们失去家庭亲密感的冲突已经成为过去。

冲突的"要"和"不要"

没有哪位父母想做任何故意伤害自己孩子的事情，但很少有父母明白他们之间的某些冲突对他们的孩子是多么有害。同时，在本章中引用的家庭冲突的研究为我们指出了成功的解决办法——对孩子和父母都具有建设性的处理冲突的方法。以下是处理冲突的一些"要"和"不要"。

不要当着孩子的面因为孩子而争吵

那些看到父母因为自己而争吵的孩子，尤其容易受到伤害。因为孩子们通常会认为自己是各种事件的中心，所以年幼的孩子会因为引起父母争吵而责怪自己是很常见的。显然，当破坏家庭和睦的问题是由自己造成时，这一点会在他们的心里得到证实。背负着这种内疚感，孩子们会以表现出低自尊或行为问题的方式责备自己。

要避免情绪过于激烈

当愤怒和情绪反应过度时，当伴侣相互辱骂，甚至谩骂或诅咒彼此，或者威胁使用暴力或离婚时，冲突可以被认为是破坏性的。当出现具有破坏性的冲突时，就很难为引发争吵的问题找到一个好的或有成效的解决方案。正在如此激烈地争吵的人会达到一种"高度唤醒"的状态。肾上腺素的增加会使他们进入"战斗或逃跑"模式，这反过来又会阻止他们处理新的信息。当夫妻双方激烈争吵时，他们无法解决彼此之间的分歧。因为夫妻双方不能接受或回应对方的观点，这种争吵不会产生任何有用的结果。唯一的结果是，夫妻之间的亲密关系会破裂，双方对彼此和问题会比吵架前感觉更糟。同样重要的是一个悲哀的现实：当父母间的这种紧张达到顶峰时，他们就完全无法顾及孩子了。

不要逃避谈论分歧

冲突本身并不是破坏性的。那些害怕冲突，以及选择不把分歧坦率地说出来的夫妻，婚姻中的问题往往比那些已经学会如何坦率地谈论问题的夫妻更多。那些对问题避而不谈的夫妻会越来越不满意，随着时间的推移，他们之间的亲密感也会越来越少。此外，那些没有机会看到以建设性的方式处理冲突的孩子，无法在自己的生活中学习如何处理分歧。只有通过观察解决冲突的有效方法，孩子们才能学会模仿这些重要的技能。

要公平争论

当伴侣中的一方能够确立自己关心的一件事，并以一种不带责备或报复的方式表达出来时，双方就更容易合作。建设性的争吵使双方在一种共情和理解的氛围中表达自己的感受。建设性的争吵不会做出导致报复或退缩的攻击性指责，而是在一种安全的氛围中进行。伴侣双方可能会有分歧，但他们会倾听并努力理解对方的观点。那些看到父母这样争论的孩子会明白，分歧并不一定可怕，并且不会破坏爱的感觉。实验表明，当父母之间的争论没有情感上的敌对时，婴儿和学步期儿童会在父母吵架的过程中继续微笑、大笑和玩耍。孩子们观察到的父母在争论时的愤怒和情绪困扰，会渗入到他们的幸福感和安全感中。

与其尽量避免在孩子面前争论，父母更需要学会如何进行建设性的争论。那些在孩子睡觉时发生激烈争吵的父母，如果相信自己没有伤害到孩子，那就是在欺骗自己。我的几乎所有存在婚姻冲突问题的成年来访者，都会回忆起自己晚上躺在床上，颤抖着静静地听着父母吼叫。让孩子知道父母有分歧并不是不健康的；只有生活在一个经常发生毁灭性冲突的家庭里，才会对他们造成伤害。

不要将孩子夹在中间

正如海伦的例子表明的那样，对孩子来说，被要求选边站是极其痛苦和有害的。让孩子代表父母中的一方与另一方互动，孩子就会被迫与后者形成对立的关系。虽然父母可能不再感到那么孤独了，但孩子已经被带进了一个实际上与他无关的成年人的竞技场。因为孩子们渴望帮助家庭恢复安宁，他们可能会接受父母中一方的要求，站在她或他的那边，但是这会产生直接和长期的后果。虽然许多父母知道自己并不是有意识地寻求与孩子结盟，因而并不感到不安，但在很多情形中，孩子会为了帮助解决冲突而自愿参与进来。关心孩子幸福的父母应该对这种反应保持警觉，并应尽一切努力使孩子远离他们的婚姻问题。当涉及冲突时，将孩子牵扯进来并形成三角关系根本不值得。

当孩子因为父母争吵而心烦意乱时，要安慰他们

当一个孩子因为父母的争吵而痛苦时，他是在独自面对恐惧和焦虑。虽然父母可能会在他痛苦的其他时候安慰或抚慰他，但是在他们争吵的时候，他们无暇顾及孩子。年幼的孩子往往会感到恐慌，以为父母中的一方或双方会发生可怕的事情，并且因为无法阻止这种争斗而感到无助。这种焦虑感和无助感的混合，会使孩子感到烦恼，并被孩子的信念体系所吸收，因而父母的分歧成为了孩子焦虑的来源。

孩子们对父母离家或离婚的威胁尤其敏感。虽然父母可能知道在愤怒中说的话往往不是真的，但是年幼的孩子没有办法确定成年人下一步会做什么。家庭破裂的威胁会影响他们的安全感和幸福感，而且永远不会被他们草率对待。

记住，当事情出错时，孩子们往往会责备自己。即使当父母为与孩子完全无关的事情争吵时，孩子也需要听到妈妈和爸爸是因为在朋友或金钱问题上有分歧，而不是在生孩子的气。

不要向孩子倾诉你的婚姻问题

让我惊讶的是，有些父母选择向他们的孩子倾诉。虽然亲密包括分享，但这并不意味着父母可以把负担加在孩子的身上。孩子们应该自由地向父母倾诉他们的烦恼和忧虑；对于那些直接影响到他们的问题，父母应该只告诉孩子有必要了解的内容。婚姻中的亲密和性不是孩子需要了解的事情。当一个孩子接触到这些隐私的事情时，他就会被置于一个糟糕的境地。向孩子透露婚姻问题的父母本质上是要求孩子支持自己，并和自己一起对抗另一位父母。这个未说出口或者可能已经说出口的信息是："你的爸爸 / 妈妈对我做了可怕的事情。因为我被弄得如此不幸福，你必

须把你所有的爱都给我，让我感觉好一些，你必须尽你所能惩罚那个如此伤害我的人。"

孩子们可能会幻想自己父母之间的性关系，但他们会对事实感到焦虑和不安。事实上，了解父母性生活的细节对孩子来说是一种过度刺激，并会导致明显的痛苦症状。青春期的孩子对听到父母婚姻中的私密细节同样毫无准备，但至少他们更有能力保护自己，即使他们可能被迫在情感或身体上完全脱离当时的情形。

要在孩子面前承认争吵结束了

对孩子们来说，不幸的是，大多数父母在争吵后会和好，但会选择在私下和好。孩子并不知道自己的父母已经和好、相互道歉，甚至可能做爱了。虽然许多父母可能会想当然地认为，因为他们的争吵是两人之间发生的，所以他们不必告知孩子他们已经停止了争吵，但研究表明，事实恰恰相反。当孩子们有机会看到父母结束争吵时，他们就能亲眼看到一切又好起来了。在研究实验中，那些看到父母和好的孩子会立刻放松下来，摆脱痛苦的症状。虽然这并不意味着父母必须为争吵计时，以便能当着孩子的面和好，但这确实意味着一旦争吵的问题得到解决，就应该公开提到。就父母知道孩子们在父母争吵时有多痛苦而言，承认争吵给每个人都带来了压力，并承认父母为发生争吵感到难过，或许不是一个坏主意。

要用爱和幽默来平衡愤怒

在一天即将过去时，父母之间总会有分歧，并且总是有争吵的事情。研究冲突的心理学家建议，保持孩子的心理健康最重要的因素是平衡家庭的情感生活，以便有更多的温暖和爱，而不只是有紧张和冲突。在婚姻稳固的家庭中，父母会一起欢笑，并和孩子们一起欢笑。这些孩子会把他们的幽默感带入到其他情形，并在其他人际关系出现问题时用它成功地解决分歧。当孩子们感到他们基本的家庭生活安全时，他们更能忍受紧张和冲突的时刻。

问 题

1. 你的父母是怎么争吵的？他们是公开争吵吗？会相互不理睬和疏远吗？是否有踢、打或扇耳光的身体动作？你对他们的争吵知道多少？你曾发现自己被夹在中间吗？

2. 你曾经害怕自己会"真的"发脾气吗？你找到控制发脾气的方法了吗？

3. 你曾经害怕你的伴侣"真的"发脾气吗？这对你们的关系有什么影响？

4. 你和你的伴侣会经常当着孩子的面争吵吗？你认为这会让他们感到困扰吗？

5. 你们会多么经常当着孩子的面和好，或者让他们知道争吵已经结束了？

第8章

强调积极的方面
"一起欢笑、互相欣赏是我们婚姻的一部分"

考虑到婚姻中所有可能和确实会出错的事情，专注于使婚姻保持活力和美好是很重要的。正如我们所看到的那样，当婚姻很稳固时，受益的是孩子们——每天都是如此，而且在未来的岁月里也是如此。心理医生乔恩·戈特曼是婚姻研究的一位领军人物，他建议，为了保持婚姻的美好，需要一定的好与坏的比例。这个神奇的比例不是 5:5，而是 5:1！每一次有压力或负面的交流，都需要有五次积极的交流。下面描述的是孩子们最容易看到的积极方面。每一种都应该从两个角度来考虑：一个是它给婚姻带来的好处，另一个是它给下一代带来的爱的积极教益。

身体爱抚

对于那些已经幸福地结婚超过 20 年的夫妻来说，最明显的一件事就是伴侣之间身体接触的程度。虽然性对婚姻关系也很重要，但以非性的方式表达爱意能增加夫妻间的关爱感和亲密感。

我丈夫的抚摸是我能期待的最珍贵的事情之一。当他轻抚我的手臂时，我会变得非常放松和舒服。从早安拥抱到手拉手散步，通过身体来表达爱意的方式有上百种。大多数夫妻不需要列出一份各种主意的清单，他们需要被推着去冒险尝试。

在我的来访者中，那些陷入最严重困境的夫妻，即使在没有直接冲突时，也会保持身体上的距离。当我问他们这个问题的时候，他们通常会告诉我，他们不想被拒绝，或者他们不想发生性行为，不想显得他们在传递复杂的信息。因此，他们认为通过保持身体上的距离可以避免紧张和冲突。这与事实相去甚远。触摸会给两人的关系带来情感连接。即使是那些因缺乏性亲密而感到沮丧的伴侣，通常也会感激对方的爱。

孩子们可能会对父母公开显示的性欲望感到不舒服，但他们通常喜欢并受益于用身体表达的爱意。事实上，大多数时候，他们也会加入进来，分享父母的拥抱。当孩子们看到父母之间表达亲密的证据时，他们的安全感的增强是难以言表的。通过将父母之间的触摸或牵手的想象融入他们的图式，他们可能会期待这样的情景，并寻找一个同样喜欢拥抱和对身体的亲密感到舒适的伴侣。当家庭环境让孩子们感到安全和温暖时，他们就可以自由地进行那些孩童时期的正常追求。看着妈妈和爸爸拥抱或牵手，会在他们的脑海中作为家庭和睦的一个标志，以及对自己未来的想象而留下终生的印象。

友 谊

幸福的夫妻的另一个重要特点是友谊，包括分享兴趣和想法。再重申一次，对于夫妻必须花多少时间参与共同的活动，婚姻才能正常运转，并没有固定的公式。但可以明确的是，那些有双方都感兴趣的事情可以谈论的伴侣，在保持婚姻幸福方面具有明显的优势。当父母双方只有家庭和孩子是共同点时，谈话很容易聚焦在问题上。夫妻也需要作为伴侣一起享受快乐，以及陪伴彼此，而不仅仅是作为父母。

那些有共同爱好和兴趣的父母，会有生动而有吸引力的交谈让孩子们在无意中听到。因为这种婚姻是令人兴奋且有趣的，孩子们很可能会把婚姻作为友谊的信念纳入到他们的图式中。将乐趣和友谊带入婚姻，可以为夫妻提供在困难时期支持他们的能量，并使他们有更多的理由继续努力保持婚姻的活力。因此而受益的一对夫妻就是艾伦和梅根。

艾伦和梅根

当艾伦说他不幸福，并且想知道他们分手会不会感觉更幸福时，梅根感到很惊讶。她从一种自满的情绪中惊醒过来，立即迫使艾伦进行夫妻心理治疗。艾伦给我的强烈印象是一个非常低调、随和的人，我想知道是什么激发了他对分手的兴趣。他向梅根保证，他没有外遇，但他说他发现自己很无聊，希望生活更丰富一些。梅根也认为他们之间的关系有点无聊。双方都积极投身于自己的事业，并致力于他们两个十几岁女儿的幸福。然而，大女儿马上就要大学毕业，而小女儿明年也要上大学了。艾伦发现自己经常盯着梅根，不知道要聊些什么。听到这里，梅根笑了起来，回答说："我也经常是这样。你知道，我有可以聊天的女性朋友，但大多数时候是我们两个在一起，我想不到要说些什么。"

尽管他们明显很疏远，但这对夫妻之间的善意和信任弥漫在整个房间里。梅根认为，艾伦之所以突然对聊天产生兴趣，可能是因为他的生意有点下滑。"当艾伦忙的时候，他根本就没有时间陪我。我敢打赌，如果下个月他的生意好起来，他会把整件事放在一边，坚持说他太忙了，没时间做心理治疗。"艾伦同意可能会是这样，但补充说："我快 50 岁了。我从没想过自己会遇上中年危机，但我突然觉得我浪费了生命中一个重要的部分，我真的想拥有一段更令人激动的关系。"

梅根没有辩解，而是沉默了一会儿，然后补充道："也许你是对的。我今天来是因为我不想结束我们的婚姻，但现在我觉得我跟你有同样的需要。即使你再次忙于工作，我也希望我们能把婚姻放在首位。"

随着我对影响这对夫妻的一些问题的逐渐了解，我从他们避免冲突的方式找出了问题出在哪里。他们也有尚未解决的有关金钱和孩子的重要问题。但除此之外，还有一个根本的问题，那就是他们几乎没有共同点。为了促进他们之间的这种关系，我让他们想象一个他们在一起很开心的场景。艾伦想象的是，骑自行车在一个美丽而偏僻的草地上进行了一次私人野餐。梅根说，尽管她几乎不会游泳，但她一直想扬帆远行。她的幻想是他们两个人能在一个美丽的夏日里平静地出海航行。我问他们，想想彼此的梦想并想象和对方一起去做这些事，对他们来说有多难。艾伦和梅根开始拿二十多年来他们第一次骑自行车这件事开玩笑，但玩笑中有一种接纳和好奇的感觉。

虽然我并不总是布置家庭作业，但我还是请这对夫妻了解各自的幻想，看看是否有可能迈出第一步。与此同时，心理治疗的重点是帮助这对夫妻在一个安全的环境中谈论一些痛苦的问题。艾伦和梅根意识到，他们之所以没有话题可谈，部分原因是他们都需要避免任何可能产生冲突的话题。因为有太多的话题存在尚未解决的问题，很少有话题能被安全地提出。学会如何讨论问题是一个重要的转折点，但同样重要的是在两人的关系中建立新的兴趣。到这对夫妻完成婚姻治疗的时候，他们已经买了自行车，并且开始在周末郊游时锻炼他们的耐力。他们收到了三所帆船学校寄来的宣传册，似乎很想报名参加。此外，他们还选择了每周某天早上一起出去吃早餐。当他们告诉我偷偷溜出家门去共度私人时间是多么有趣时，他们咯咯地笑了起来。现在，这对夫妻有很多话可以说。他们不害怕再谈会引起争论的话题，而且对他们新的"户外"关系真的充满了兴趣。

虽然艾伦和梅根一开始并没有跟我说过他们孩子的问题，但他们对大女儿莎伦都很担心，并且看法完全对立。莎伦从来都不是最优秀的学生，她努力寻找自己感兴趣的领域，而且还换了三次专业。尽管艾伦更有耐心，也理解女儿缺乏专业方向，而梅根则对莎伦没有投入太多精力到学习中感到很恼火，并且觉得她所受的大部分教育都"浪费了"。一想到要再支付一年的本科学费，梅根就很生气，并且对艾伦没有表态也感到很生气。当我们一起谈论莎伦的职业困惑时，很明显，艾伦已经花了大量的时间打电话给他的女儿提供指导和咨询。艾伦从来没有从自己的父母那里得到太多的关心和支持，他和莎伦的关系对他们父女来说都是令人满意的。然而，他明白自己的立场让莎伦太容易逃避责任，最终他同意与梅根达成妥协。当莎伦要求再交一个学期的学费时，她的父母郑重地说他们只会支付与学校相关的一半费用。让他们惊讶的是，莎伦说她毕竟准备好毕业了，并且约了一个自己感兴趣的兼职工作的面试。似乎当莎伦知道她的父母已经为她的长大做好了准备时，她很愿意承担责任。他们刚刚发现的乐趣和共识，无疑带给了莎伦继续自己的生活所需的安全感。

感 激

婚姻幸福的夫妻能够通过表达感激增加伴侣的幸福感。那些有工作的女性说，当她们的丈夫向她们表达感激时，似乎一切都是"可以做的"。只有当他们觉得妻子工作和操持家务是理所应当时，她们才会产生怨恨。许多伴侣都很感激有彼此帮忙照顾孩子，但很少有人会说出来。事实上，大多数关于家庭的研究都表明，妻子们认为自己所做的比丈夫说她们做的要多，而丈夫们认为自己做的也比妻子认为他们做的要多。

那些对自己的伴侣表达认可的父母，会增强婚姻和家庭的幸福感。对伴侣所做的事情说几句简单的认可的话，有助于夫妻对婚姻生活产生积极的感觉。爱一个人的快乐，部分来自相互被需要和被重视的感觉。当这种感觉存在时，伴侣们会在对彼此的承诺中感受到新的活力，也会有精力投入到生活的其他领域。当父母能够认可彼此的努力并表达他们的感激时，孩子们才是真正的赢家。这种情形对他们来说是一举两得的：父母在孩子需要的时候可以提供情感上的帮助，但不依赖于孩子来满足其未被满足的对亲密的需要。最重要的是，孩子们有一个相爱的关系的形象来认同。

当未解决的冲突和失望剥夺了双方对彼此的温情时，双方都会感到孤独和无助。当事情进展不顺利时，人们会感到沮丧，并让自己对婚姻关系中一个方面的悲观情绪影响到对其他方面的感觉，这并不罕见。由于没有注意到或表达出对伴侣给自己带来的美好生活的感激，失望和消极的循环就会变得更糟。对积极方面的认可会帮助扭转这种局面，并重新点燃潜在的温暖和亲密感。

当孩子们生活在痛苦而疏远的父母身边时，他们就会知道"从此过上幸福生活"的爱情梦想是骗人的。父母缺乏对彼此的感激，会造成一种婚姻不友好并且不值得的感觉。如果父母能够认可并承认对方的贡献，孩子们就会看到伴侣对彼此的重要性。通过感激产生的善意和积极的感觉会让孩子们知道赞扬的重要性，他们在与他人的关系中也会更容易接受和给予赞扬。

欢 笑

　　能够一起欢笑也被认为是幸福婚姻的关键因素之一。具有幽默感通常能帮助伴侣们正确看待问题。这并不意味着所有的问题和分歧都可以通过开玩笑的方式解决，但需要有一种方法将那些严肃的问题和只能适应的问题区分开。当父母能够一起开怀大笑，并用幽默的方式度过困难的时刻时，孩子们也就不会像其他家庭中的孩子那样产生焦虑和担忧。孩子们更有可能将幽默感运用到自己与他人的友谊中，并在结婚后继续这种家庭传统。

　　我们家有一个被反复谈起的故事。我的祖母厨艺出色，她忙了一整天，做了一大锅鸡汤和无酵饼球，要带到女儿家举办的家宴上。祖父小心翼翼地端着那锅珍贵的汤，但不知怎么的，他在前廊上滑倒了。正如故事里讲述的那样，祖母震惊地看着她一整天的努力顺着前门的台阶流了下来，然后，突然大笑起来。当我的祖父母来到家宴现场时，他们还在笑，而且还没解释完为什么那天晚上没有汤，他们又忍不住咯咯地笑了起来。这些了不起的人知道生活中有比汤更重要的东西，即使毁了他们的一天或者家宴，也无法挽回那些无酵饼球。我的祖母从来不会觉得我的祖父会故意破坏她努力的成果——他是她的厨艺的最大粉丝！他们的幽默感和对彼此的爱，使他们避免了像与他们不同的其他夫妻那样毁掉一个夜晚。

心胸开阔

　　我从事心理治疗的时间越长，就越尊重信念的重要性。许多行为和事情可能会被理解为与本意不同的事情。对交流的研究，证实了归因——或者一个人为理解一个情形而"读入"的含义——的重要性。在一项研究实验中，让丈夫、妻子和作为局外人的评价者观看这对夫妻交谈的录像；要求每个人对特定的话语进行评价，并按照积极、中性或消极打分。研究人员发现，那些婚姻幸福的夫妻对伴侣话语的评分主要是中性或积极的，并想当然地认为他们是善意且出于好心的。然而，在那些不幸福的夫妻中，伴侣双方会将对方的话语和行为看作是不友善且消极的。即使当评价者评价某句话是中性的时候，有冲突的夫妻也会认为自己的伴侣的说法是消极的。中性的话语被认为是消极的，而积极的说法被认为是中性的。消极的偏见会导致更大的不和谐，而积极的评价会增加婚姻的和谐和满足感。

断定人们应该自动关注积极的方面是不准确的，因为总是存在着掩盖那些需要得到倾听和回应的重要的"消极"事物的风险。但是，人们应该考虑不同意图的可能性，并对看待和理解事物的不同方式持更开放的态度。那些从对方的行为中寻找积极方面的夫妻会更宽容，更有可能原谅对方。通过相信彼此的善意，他们可以保护自己的关系在悲观情绪占上风的时候免受耗人心力的看法和歪曲的影响。

很多时候，人们会因为自己不正确地推断出的事情而感到伤心、愤怒或失望。不幸的是，他们没有停下来谈论发生的事情，而是采取一种被动的或防御的姿态，这必然将这种误解付诸行动。在治疗中，我经常不得不通过问"这对你意味着什么？"来帮助夫妻双方放慢沟通的速度，然后让他们再和伴侣核实是否错失或曲解了本来的意思。学会质疑自己想当然的假设，让盖尔和马里奥发生了很大的改变。

盖尔和马里奥

在我们的第一次面谈中，我告诉盖尔和马里奥，他们是我的来访者中最容易对对方做出反应的一对夫妻。他们完全了解对方的语调和肢体语言，所以最轻微的手势都能成为他们未表达的信念的证据。不幸的是，他们寻找并因而"发现"的信息，都是拒绝和批评的表述。在治疗之初，我很难理解他们之间的交谈。盖尔开始解释她对一件事的看法，然后，说到一半就停下来，并激烈地指责马里奥："不要否认……你知道事情就是这样的。"我很纳闷，问盖尔为什么要这么说。"我知道他在想什么，"她坚持说，"他从不为自己的行为负责。"当我最终说服盖尔解释她是如何意识到马里奥在否认她的说法时，她坚定地告诉我，从马里奥看着墙的方式就知道了。我对夫妻们进行过足够长时间的治疗，知道有时他们确实非常了解对方，但马里奥的眼神并没有向我传达任何信息，他似乎一直在听妻子说话。当我问马里奥是否对妻子对这件事的看法感到怨恨或烦恼时，他承认他开始烦恼了，但坚称他在尽力倾听。"她总是跟我说我在想什么，我的感觉是什么，但她通常都是错的。"马里奥抗议道。

片刻之后，相反的情形出现了。当马里奥讲述他对那件事的看法时，盖尔挺直了脖子，似乎想要放松紧张的情绪。马里奥停止了说话，以责备的目光盯着她，然后用一种完全悲观的语气对我说："有什么用呢？她永远也不会改变；谈论这些没有意义。"我通常对我的来访者非常专注，并绞尽脑汁去想到底盖尔说了什么或做了什么，让马里奥得出这样的结论。当马里奥告诉我，盖尔在固执的时候会用这种方式昂着头，我再次感到了困惑，为什么这么小的举动会产生如此强烈的反应。要么这对夫妻非常了解对方，要么他们在交流中产生了误解。

我向盖尔和马里奥解释说，他们可能有 60% 的时候是正确的，但是，如果他们愿意简单地向伴侣指出他们注意到了什么，并向对方询问自己是正确的还是错误的，我可以在另外 40% 的时候帮助他们改善关系。我还告诉他们，当他们认为自己没有被倾听而中途停止交流，他们就会导致可能最坏的结果。由于没有说完他们的想法，他们就无法让自己的伴侣听到自己的观点。如果他们想让我相信他们是真的想要得到回应，我会让他们双方都负责任地说完自己的想法。

我对这对夫妻到底有多了解对方的感受的预测相当准确，但通过学会说完自己的想法并互相核实彼此想当然的假设，这对夫妻开始放慢他们的回应。当盖尔和马里奥确定自己得到倾听时，他们才有可能意识到双方都同样致力于改善关系，这反过来也会为事情能得到改善的希望提供一个基础。

灵活性

很少有父母认为他们已经为自己生命中最重要、要求最高的角色做好了充分的准备。尽管为分娩接受了数小时的指导和辅导，但大多数父母在孩子出生后会感到要完全靠自己。平衡婚姻、孩子、工作、宗教和社区责任需要精力、耐心和灵活性。

那些能够为家庭的利益而一起努力的父母，知道韧性和灵活性的重要性。当出现"紧急情形"或计划突然改变时，他们不会相互指责，而是能够做出改变，承担起手头的任务。他们愿意做出调整，这对他们养育孩子和他们的婚姻都是一笔宝贵的财富。因为当双方都能够通过妥协或牺牲来表明他们的承诺时，他们的爱的行为就很少会被对方认为是理所应当的。

灵活性还意味着伴侣双方愿意接受其他选择，愿意扩展他们的思维方式。那些不需要僵化地坚持自己的信念或偏好的伴侣，在自己的配偶提出另一种办法时，不会感觉受到了威胁；相反，他们愿意扩展自己的观点，并考虑那些他们可能从未想过的主意。许多人觉得很幸运，因为他们的伴侣的兴趣和生活经历可以平衡他们自己生活中未知的或有待开发的领域。

当孩子成长在父母能够接受彼此观点的环境中时，他们就会免受那种只有一条"正确"道路时出现的不可避免的紧张和指责。探索各种选择和考虑其他选择的意愿，通常也会延续到孩子们身上，这样，每个孩子都能更自由地追求自己的兴趣，而不是遵循个性无法容忍的僵化的预期。

原 谅

尽管有良好的意图，但伴侣们经常会让对方失望或相互伤害。当这种情形发生时，那些能够和对方交谈并在之后放下自己的愤怒的伴侣，在生活中拥有一个很好的优势。我在心理治疗中看到很多夫妻对每一次失望或不满都耿耿于怀，而这只会增加他们的不幸福感。这样做的伴侣似乎是在自以为是地寻求安慰。他们坚持认为自己被冤枉或受到了不公平的对待，并以此为借口不再理睬对方或进行反击。他们想当然地认为他们的伴侣是敌人，不仅伤害过他们一次，而且如果允许的话，毫无疑问还会再次伤害他们。不幸的是，他们这种不允许伴侣纠正错误的做法，会将瑕疵变成伤疤。

知道如何原谅是一种积极的努力，它需要一种信任的能力和一种相信美好会恢复的信念。只有当受到伤害的一方将自己的痛苦告知对方并且后者必须为自己造成的痛苦承担责任时，才有可能带来原谅。共同努力解决问题并挽回亲密关系的能力，会给婚姻中的美德占据上风的机会。当夫妻不懂得如何原谅时，过去的痛苦就会累积，最终导致双方之间的防御姿态和疏远。

　　知道如何原谅的父母之间的信任精神，会为整个家庭增添美好的一面。因为他们相信自己的伴侣有良好意图和改变的能力，家里会有一种充满信心的氛围。原谅自己的伴侣确实是一种爱的行为，也是重新开始的唯一方法。那些能把这份礼物给予彼此的父母，也能将它给予自己的孩子，因为孩子也是人，并且容易犯错误。除了在一种信任和接纳的环境中成长，那些能够看见自己的父母在努力修补两人的关系而原谅彼此的孩子，还会了解到坚持不懈的重要性，并且会知道两个人可以创造的美好和善良。

将精力投入到积极的方面

　　尽管我们都会受到自己过去的影响，但我们很容易被动地接受上一代传递下来或过去的经历产生的负面特征和相处方式。那些能改善婚姻并创造我们希望自己的孩子能够拥有的经历的优秀品质，是每位父母都能拥有的——但这可能需要采取行动并做出改变。尽管大多数夫妻都能想象到，如果他们的伴侣学会了新的相处方式，他们会多么快乐，但为了让积极的方面占据主导地位，改变最好包括伴侣双方。对大多数人来说，这需要决定尝试新事物并承担风险。但是，选择着眼于婚姻的美好方面，会产生积极的影响，会对婚姻和孩子产生具有长期强烈影响的积极后果。关爱、感激、灵活性、友谊、原谅、欢笑、心胸开阔——当所有这些因素加在一起时，它们会创造一个温暖、轻松和有趣的家庭环境。孩子们不仅逃离了主导不幸福婚姻的紧张和敌意，而且还能形成一个使他们期待并获得最大收益的婚姻蓝图。

问 题

1. 你的婚姻中的哪个特点是你最珍视的？在你们的关系中需要发生什么才能把这一点放在最重要的位置？什么会削弱它？你的婚姻中第二重要的优点是什么？你多久能体验一次？什么事情会削弱它？

2. 想想你在生活中接触过的三段婚姻（你父母、兄弟姐妹或朋友的婚姻）。你最羡慕的特点是什么？你认为在自己的婚姻中培养这个优点是容易还是困难？

3. 如果你把你的婚姻想象成一个跷跷板，一边是紧张和冲突，另一边是温情和友谊，你的婚姻会是什么样子？

4. 你最尊重你的伴侣作为父母的哪一点？作为伴侣呢？作为一个人呢？你最后一次告诉他或她你多么感激他或她的这个特点是什么时候？

5. 你和你的伴侣每周拥抱或牵手几次？大多数时候是谁主动的？在你父母的婚姻中，关爱是如何表达的？在你的伴侣的父母婚姻中呢？在表达关爱方面，你们的关系与哪种最相似？

第 *9* 章

建立更美好的婚姻
"尝试永远都不会晚"

在本书的开头，我解释过其中的一些章节读起来会比较轻松，因为它们可以证实你的婚姻对你自己和孩子都是有益的。然而，可能有一两个领域并不像你希望的那么顺利。虽然你以前可能没有过多地考虑过这些危险领域，但现在你意识到了婚姻对孩子有多么大的影响，你可能会感觉要更加努力去解决这些问题。虽然婚姻治疗师在一对夫妻陷入绝境时可能很有用，但你会发现下面这些建议能帮助你开始做出想要的改变。

想象一下你想要的婚姻

当我为一些夫妻进行婚姻治疗时，我通常会让他们想象一下，治疗成功后他们的生活将是什么样的。我让他们尽可能具体地想象一个他们预期中的那种婚姻场景。这会作为一个"大图景"（Big Picture），是一个只有双方共同努力才能实现的目标。当事情偏离轨道，或者回到不幸福的状态时，思考事情可以成为什么样会提供动力。当伴侣们似乎陷入困境或无法想出不同的相处方式时，我会让他们考虑一下，如果他们继续自己现在的做法，将会产生什么结果。然后，我请他们将想象的结果与他们的婚姻可以成为什么样进行比较。虽然找到处理一种情形的不同方式并不容易，它也不会自动出现，但对最终结果有一个愿景往往会带来很大的不同。

增强自我觉察

拥有一个改变的愿景可以提供方向和动力，但为了从此岸到达彼岸，还需要采取其他措施。很多时候，我们对幸福生活或完美婚姻的渴望让我们很难忍受与之相反的感觉。虽然大多数人很容易识别愤怒，但当重要问题没有完全解决时，了解浮现出的微妙而持久的信号，是同样重要的。那些逃避讨论某些话题的伴侣，往往对他们能够解决自己的问题感到很悲观，而且，在某种意义上，他们已经放弃了。伴侣之间的疏远是失去善意或信任的一种征兆，应该引起重视。觉察才是真正迈向改善的第一步。

自我觉察不仅仅意味着要觉察自己的行为，它还要求我们学会识别并理解自己的感受。许多人从未学会如何与悲伤或难以处理的感受共处，一旦这些感受浮现出来，他们很可能会感觉到焦虑或非常不自在。在很多方面，发现并接受内心深处的自我是需要勇气的。记住，感受只是感受；它们的存在并不意味着即将发生可怕的事情。感受会有结束的时候。许多人厌恶某种情感体验，因为他们认为那种不舒服的感觉会不断加强，却没有意识到自己已经达到了不适的极限状态。他们的问题是不知道下一步该做什么。改变的过程只能从认可感受开始，但是，一旦有了觉察，就可以采用其他措施帮助自己感觉好起来。

为了与不舒服的感觉共处足够长的时间以便理解它们，你可能需要学会如何安慰自己。当你的孩子做了噩梦后扑进你的怀抱时，他们需要你的拥抱和安慰。通过告诉他们不要担心并向他们保证一切都会好起来，你给了他们回到自己床上睡觉的勇气。当成年人被焦虑控制时，也需要得到抚慰和安慰。要提醒自己，糟糕的感受只是感受；它们并不会真的伤害你。做几次深呼吸，并从"大图景"中寻找灵感也会有帮助。向你的伴侣或朋友倾诉，会帮助你忍受难以处理的感受，同时更好地理解它们。只有通过知道自己的感受，我们才能在问题和需要做出的改变之间建立起联系。

大多数人还需要学会如何理解隐藏在自己的愤怒之下的情绪。愤怒是一种重要情绪，能引起我们对需要处理的情形的警觉。但是，如果我们看到隐藏在愤怒之下的情绪，那里往往还有一些需要理解的最重要的感受。通常，当我们感到害怕、伤心或失望时，就会激起愤怒。要真正把事情处理好并建立有利于婚姻和孩子的亲密关系，正是这些潜在的感受需要得到谈论和解决。

发现你默认的信念和期望

理解与感受相关的信念和假设，是改善我们的情形的另一个重要部分。在审视我们的婚姻时，这种理解部分来自我们对父母的婚姻蓝图的信念和期望的认可，因为我们就是由此了解婚姻关系是如何运作的。重要的是要记住，父母的婚姻以两种同样有力的方式影响着我们：一种是我们已经不计后果地默默接受的认同；另一种是我们不认同并形成反对反应的那些方面。

虽然这可能会导致焦虑，但重要的是要知道父母婚姻的哪些部分会激励我们，哪些部分会让我们不安地退缩。不知道这些并不会使我们免受其影响。事实上，情形恰恰相反：当往日的幽灵悄悄地侵扰我们时，我们只是在被动地应对，既无法最大限度地发挥潜在的优势，也无法应付那些让我们感到最痛苦的部分。我们的很多认同在没有得到完全认可或利用的情形下就存在了。事实上，大多数人对父母的婚姻都有自己珍视的某些方面，如果能更好地理解，他们可以从中汲取力量。如果我们能够认可其重要性，我们记忆中的父母相处愉快或相互表达爱意的那些时刻就能激励我们。

了解父母婚姻的哪些方面铭刻在了我们的图式中，也能帮助我们理解当现实与蓝图不匹配时，我们会有多么失望。我自己生活中的一个例子，是我的父母那么关切地照顾彼此。我记得，在我母亲第一次开车走高速去探望 100 英里外的外祖父母之前，我父亲当然已经给车加满了汽油，并检查了机油和胎压，但是，他还花了二十分钟的时间，告诉我母亲在高速公路上如何应对过往的车辆，还给她准备了一张出口和方向的详细地图。不用说，我母亲已经乘车去过外祖父母家几百次了，而且她也是一名出色的司机，但是，父亲在那天清楚地表达出了对母亲的爱。不知不觉中，我相信我的丈夫也愿意帮我把车加满汽油，并在去新地方时愿意为我提供帮助，我觉得这是一种爱的表现。而且，他做不到这些无疑是他不再关心我的标志。只有通过认识到我内心深深的失望，我才能进入下一步，质疑导致我的情绪状态的那些信念和结论。

在每一章的结尾，我列出了一系列问题来激发你对自己信念的觉察。除了思考你最初的反应，你可能还想通过与兄弟姐妹交谈、看看童年时期的照片，甚至停下来重新审视父母现在的互动方式，最大限度地利用这种体验。通过更深入地谈论我们的印象和记忆，我们有机会从成年人的角度重温童年的经历，并对当时发生的事情有一个更深刻的理解。

例如，我在本书中谈到的几个人明显与他们父母中的一方关系更亲密。因此，他们对父母中的另一方和父母婚姻的看法，在很大程度上受到了他们更偏爱的那位父母观点的影响。如果我们要从更客观的角度考虑父母的婚姻，就必须认识到我们在多大程度上被要求支持父母中的一方。理解这一点之后，我们才能最终不受父母婚姻的不良影响。放弃为父母的战争而战和持有他们的信念的责任，是一种美妙的解放。只有这样，我们才能自由地建立一种反映我们独特的自我的亲密关系。有一个人做到了这一点，那就是海伦。

海伦的觉察

我再次见到海伦，是在她大学毕业并结婚几年之后。她父亲因心脏病发作住院后不久，她就给我打了电话。你可能还记得，海伦是作为她母亲的盟友和知己被带入到她父母的婚姻中的。她知道父母婚姻中的一切，但只是从她母亲的角度。她认为她的父亲是一个冷漠、没有同情心的男人，而婚姻是一种不能提供支持或友谊的关系。面对她的母亲明显的情感索求，她的父亲显得克制而残忍。当海伦陪着母亲去医院的重症监护室时，她很震惊母亲坚持说她的父亲看上去一切都好，而海伦自己却看到父亲面色苍白且反应迟钝。幸运的是，这次心脏病发作比较轻，尽管她的父亲需要卧床休息和持续监控，但到了第二天，他已经被转移到一个位于心脏病楼层的普通病房。探望时间开始后不久，海伦就带她的母亲去看望父亲。大约十分钟后，海伦的母亲就说这么多探望的人打扰了父亲的休息。她要离开了，并建议海伦也一起离开。护士们没有限制探望的时间，而病房显得又大又陌生。海伦不知道自己一个人待在那里会是什么感觉。海伦想了一会儿，然后问父亲自己是否可以和他多待一会儿。父亲向她伸出手,感激地笑了。

当海伦和我谈起这件事时,她意识到她母亲对父亲的看法是完全不真实的。对海伦来说很明显,她的母亲不能容忍甚至无法承认丈夫脆弱的一面。然而,海伦几乎不记得自己的父亲曾向任何人显示过他脆弱的一面。当我们谈到她对童年的不同记忆时,海伦明白了她父母的婚姻到底是怎么回事。她的父亲扮演了一个不可战胜且情感不外露的伴侣角色;她的母亲则扮演着一个需要情感支持但却被剥夺的配偶的角色。通过让妻子脆弱的一面充分展现并主导整个家庭,海伦的父亲使自己免于知道自己的弱点。然而,经过仔细思考,海伦得出了结论,认为她的父亲实际上比母亲受到了更多的剥夺。

这种觉察尤其重要,因为在她自己的婚姻中,海伦找到了一个能够增强她的独立性和自立的伴侣。海伦不认同她母亲对爱和关注需索无度的占有欲,她很少表露或谈论自己的情绪。她的丈夫也是对心理学持怀疑态度的实干家,更注重事实而不是感受。从一个全新的角度看待父母的婚姻,给了海伦勇气去弄清楚她的家里为什么没有一个人知道如何认可情绪或相互支持。在医院的病房里那只伸向海伦的手,是情感连接和希望的象征。海伦把这个希望带回到自己的婚姻中,发现当她发起一场暴露自己困惑和脆弱的一面的交谈时,她的丈夫能够给她提供支持,而不是嘲笑她或转身离开。对他们两个人来说,这是婚姻关系中新的一面,只有海伦摆脱了她父母婚姻的负担和信念,这一点才有可能实现。

考虑性别的假设

本书中的大多数主题,都说明了预期和行为会在多大程度上受到与性别相关的期望的影响。我们的许多行为都基于从自己父母的婚姻中了解到的男人和女人之间的关系而形成的信念。当我们更仔细地观察时，可能会发现那些烙印在我们心里的想象是肤浅的、限制性的。通常，由此产生的信念和预期会使我们远离真正的自己和我们真正想要的东西。

由性别决定的信念作为"正常"行为是如此微妙并如此根深蒂固，以致它们很难被发现。当婚姻中存在着未说出口的怨恨、敌意或疏远时，可能就会有一些没有被满意地协商过的重要问题。与其指责你的伴侣，更重要的是审视自己并思考自己的风格和你对自己的期望。这样做的女性可能会发现，她们对于坚持自己的权利或看法会感到不安，或者当她们体验到伴侣的不赞成或愤怒时，她们通常会让步。那些审视自己内心的男性可能会发现，他们会过快地逃离自己的感受或者在没有完全理解自己或伴侣的情形下就开始寻找解决办法。只有承认我们自己在导致婚姻不幸福中所起到的作用，我们才能考虑下一步可以采取的改变措施。

愿意接受新的解释

多年来，我逐渐认识到信念在促进改变中的力量。我们对一种情形如何反应，完全取决于引导我们以特定的方式解释事情的潜在信念。以不同的方式体验我们自己和我们的婚姻关系的一种方式，就是要质疑我们的假设和结论。在这样做的过程中，我们就会变得愿意接受积极的方面，并且更自由地想象和创造我们想要的改变。

我在工作中曾经遇到过一位丈夫，在我第一次见到他时，他对感受的态度很不屑。他完全坚持"大男子主义"的立场，并且通过强硬和理性已经隔绝了自己的感受。当然，妻子的感受也让他感到不舒服，当谈话变得"太情绪化"时，他会突然结束谈话。在我们的治疗中，我帮助他了解到了自己以前很少承认的一面，并找到了建立他想要的关系的力量。

理查德和莫莉

理查德和莫莉打电话向我寻求咨询时，他们已经结婚11年了。莫莉对我说的第一句话是："如果不是为了孩子们，我们早就离婚了，但我不确定是否值得在一起，因为事情已经如此糟糕了。"理查德以一种内敛而不安的方式补充说，他已经尝试了他所知道的一切办法，但莫莉完全将他排除在她的生活之外。这对夫妻很少一起外出，也很少做爱。各自都专心致志地照顾三个学龄期的孩子，但他们在如何养育孩子和管理家务上经常有分歧。结果，他们经常在孩子们面前争吵，这导致理查德有时会大声喊叫或者大步走开。

我问这对夫妻，他们之间的关系是否一直都很紧张并充满冲突。莫莉回答说，过去恰恰相反。"我们相遇的时候，我的母亲身患癌症，生命垂危。理查德总是陪在我身边，总是那么平静，那么体贴。他是我的靠山。如果没有他，我不可能熬过去。"我很惊讶，问莫莉是否知道事情在什么时候发生了变化。

*莫莉：*我可以确切地告诉你。艾米丽现在五岁了。我怀她的时候，小理查德四岁，斯科特两岁。我患上了妊娠期哮喘。医生说这种病在孩子出生后就会消失，但当时我没有任何可以服用的药物。这很可怕；有时我简直无法呼吸。

*我：*继续。

*莫莉：*一天早上，我哮喘发作很厉害。理查德在帮忙照顾孩子，但情形越来越糟。我以为我要死了。然后，理查德说他有个

重要的工作会议，他不得不离开。我身边只有两个孩子，我真的感觉无法呼吸了……他却抛下了我！

我：你还记得当时自己怎么想的吗？

莫莉：他留下我等死！我当时就知道他并不是真的爱我。你真的爱一个人，就不会像那样离开。

我看着理查德，问他是否还记得那天早上的事情。他以一种平淡的、就事论事的方式回答我，就好像在告诉我最近的高速公路入口在哪里。

理查德：莫莉可以打电话给邻居，或者她可以去急诊室。如果我失去了工作，全家人都会遭殃，而且我有义务履行我的工作职责。

我：我很好奇莫莉对你们约会时的描述。她说你是她的靠山。我觉得你是个很能干的人。你能跟我谈谈这一点吗？

理查德：我可以说动手能力很强，但说我能干或许也可以。我喜欢自己保持清醒的头脑。

我：你一直都这样吗？你以前也是这种严肃的孩子吗？

理查德：不总是这样。我有四个兄弟，我们经常一起玩耍。但是，我们住在一个农场，还有杂活要做。我是长子，所以我可能是最严肃的。

我：在农场长大是一种什么样的体验？

理查德：很不一样。我们一家人待在一起的时间比这里的人都多。我们一起玩耍、一起游泳，但我们不需要去培训班上各种课。我母亲不会开车，所以我们也不可能去上课。

我：你觉得你母亲有没有担心过……有五个孩子，万一遇到紧急情况却不能开车？

理查德：七个孩子。我还有两个妹妹。我们家有一大片土地，所以没有住得近的邻居。我想我母亲只是不让我们出现任何问题。

我们生病的时候，她从不大惊小怪，任何需要用车的情形都得等到我父亲回家。坦白地说，我不记得有任何问题。

*我：*作为七个孩子中的老大，生活在一个大部分时间没有司机的偏僻农场里，我能理解你是如何变得很有责任感的。你必须学会如何独自应对各种各样的事情。我能明白莫莉为什么说你是她的靠山了。你父亲也是你母亲的靠山吗？

*理查德：*我的父母都是那种"不说废话"的人。他们一直努力工作，忙着维持农场的运转。我的母亲承担自己的责任，我的父亲也是如此。

*我：*莫莉，我开始想理查德作为靠山，对你们来说有多重要。如果理查德相信你只爱他的坚强……作为你的靠山的那部分，情形会是怎样的？如果在你哮喘发作的那天早上理查德感觉自己不能成为你的靠山呢？如果他也和你一样被吓坏了呢？

*莫莉：*你是说，如果我发病的时候，理查德也害怕了会怎样吗？

*我（望着理查德）：*我无法想象看着自己的妻子喘不过气来，却不知道如何帮助她是什么感觉。

*理查德（眼里含着泪水）：*我吓坏了。我无法相信自己逃跑了，但我受不了啦。

*莫莉：*理查德，我不知道你吓坏了。你从来不告诉我你的感受。我一直以为你没有任何感受。

*我：*莫莉，如果你相信理查德认为你只爱他作为"靠山"的那一部分，如果他向你显示了他的脆弱，你就不会尊重他或爱他，你会觉得有什么不一样吗？

*莫莉：*他那天离开不是因为他不爱我吗？只是因为他处理不了吗？

这时，莫莉变得很伤心，并开始沉思。她哭了起来，对理查德说："那会有很大的不同。"在我们接下来的面谈中，我帮助理查德处理了他把自己视为"靠山"的需要，以及他对感受的明显不安。理查德一直认为自己很能干，并在婚姻中扮演了这个角色。当我们开始思考理查德在农场的生活时，他开始意识到他的父母既没有时间也没有能力倾听他的感受。理查德还认识到，在他的家庭中，有一种关于能力的信念体系，而他的母亲不会开车这件事是一种耻辱的根源。他沉默寡言、坚忍克己的父亲在其婚姻中扮演着"靠山"的角色，但从不暴露自己的弱点或脆弱。当我们谈论感受时，理查德承认他经常感到焦虑，但他已经学会了通过变得非常忙碌将这种体验抛诸脑后。

当我让理查德和莫莉描绘出他们希望拥有的婚姻的"大图景"时，他们有些困惑。虽然莫莉的第一个冲动是希望一切都回到孩子们出生前的样子，但她明白"理查德作为靠山"的模式永远不会给他们带来她想要的幸福。经过一番讨论，理查德确定，他真正想要的是一种能让他感到被尊重和受欢迎的婚姻，而莫莉想要的是一种能让他们真正在一起谈论他们的感受的婚姻。如果理查德认为莫莉会因为他显现出自己脆弱的一面而尊重他，那么他就准备好去尝试了。在我的办公室里进行的一次试验中，理查德开始告诉莫莉他在工作中的压力。一开始，谈论感受明显让他感觉不舒服。理查德不得不与自己认为莫莉会看轻他的想法抗争，并且抵抗着因为承认自己生活中有不完美的事情而产生的不安。有一次，理查德转向我说："我曾经认为，把事情憋在心里，自己一个人处理所有的事是需要力量的。现在我明白了，真正需要力量的是找到不否认自己的感受并把感受大声说出来的勇气。"

将了解并暴露自己脆弱一面的能力看作是一种力量，使理查德敢于冒险并坚持这一过程。理查德很快发现，倾诉自己的感受能让他变得更平静，而且，当莫莉能够倾听并给予他支持和尊重时，他们之间的亲密关系就像鲜花一般绽放了。

直到莫莉能够将理查德将她抛下当作是他不知所措的一个标志，而不是不爱她的一种表达，她才能原谅他。直到理查德能够看到，处理自己的感受需要勇气，这反映出的是力量而不是弱点，他才能以双方都真正想要的方式融入两人的关系中。如果真有"改变的良方"的话，那它就始于对美好生活的憧憬，以及对妨碍更好的相处方式的问题的觉察。当你能够挑战那些让事情一成不变的信念时，改变就会容易多了。当我们能够理解自己的婚姻故事是如何建立在可能有限或不正确的假设和解释的基础之上时，我们可能会更愿意接受不同的观点。

成为一个团队

当然，当伴侣双方都参与时，改变会容易得多。为了实现这一点，沟通是这个过程至关重要的一部分。当伴侣双方能够一起努力理解他们的关系和已有的信念体系时，即使是获得觉察的过程也能产生亲密感。当我向来访的夫妻提供咨询时，我会强调一起努力的重要性。我要强调的是，为了巩固他们的婚姻和家庭，他们成为一个团队有多么重要。对我来说，一个团队应当致力于实现一个共同的目标和目的。当你们都想要同样的东西，并且都同样努力去实现时，达成妥协并相互支持会更容易。当伴侣双方再次站在同一阵线时，事情应当如何改变的细节就变得更加可行。

团队成员知道互相保护才能使团队取得成功。对于那些很容易相互指责或倾向于陷入未解决的"老"问题的重复模式的夫妻，我会努力帮助他们从新的角度来理解这个过程。通常，当一方还有起码的充分理由时，另一方已经进入了反应过度的状态。如果前者在一个短暂的瞬间能够理解自己有一个选择和机会来帮助自己的伴侣回归正轨，就可以避免许多激烈的争吵和痛苦的互动。不要上钩并以过激的反应匆忙做出回应，而要以一种平静而非被动反应的方式做出回应。毫无疑问，这是一个挑战，但是，我们要以某种方式找到为了我们的孩子而这样做的力量。那些能够尝试通过自己的力量来帮助伴侣的父母，通常会发现这样做的回报是值得的。

将过去与现在区分开

另一个有助于巩固你的婚姻的方法，是学会把过去的伤害和失望与此时此地的现实区分开。我们的认知地图的力量非常强大，因为它们不仅指引我们如何解释各种情形并得出结论，而且还能控制我们的情感状态以及对接下来会发生什么事情的预期。当伴侣之间的互动与不愉快的童年经历相似时，来自过去的整个"意义结构"往往会被激活。那时，来自我们童年时期所有的强烈情感和信念会涌上心头，并与眼前的情形混杂在一起。旧的信念和预期同样会被唤醒，并扭曲我们的理解和反应。

一旦一个人意识到那些来自过去的容易被激活并压制现在的特定主题，他就更有能力在这个过程一开始就识别出来。通过了解旧的图式会如何扭曲结论并激起难以抗拒的感受，就有可能阻止这种循环的形成。改变，是通过提醒我们自己现在并不是过去来实现的。能够区分并对比这两种经历，有助于把旧的创伤留在过去，使我们能够更准确地专注于当前的情形。

运用承担责任和原谅的力量

挥之不去的愤怒是婚姻中最具破坏性的力量之一。无论是掩藏在内心，还是阶段性发作的，或者是通过日常敌意和怨恨的表达表现出来的，都会给父母和孩子造成一种腐蚀性的环境。虽然愤怒有助于让我们对需要解决的问题产生警觉，但它应该被视为行动的一种邀请。当伴侣双方罗列种种不满时，他们就是在为一种阻止他们信任伴侣、与伴侣分享并喜爱伴侣的信念体系添砖加瓦。如果婚姻中的美好曾经占据优势，不满就必须用一种更有建设性的方式来处理。

当伴侣双方能够谈论让彼此困惑或烦恼的事情时，婚姻就会大大改善。有很多向伴侣们介绍可以建设性地处理这个问题的自助类书籍，包括要具体地提出首要关心的问题，而不是一次性提出一连串伤害感情的问题；要冷静而尊重地交谈，而不是侮辱或激怒你的伴侣。但同样重要的是，你们双方都要知道，当自己给对方造成伤害时如何承担责任。即使是无意中造成的伤害，或者你认为伴侣反应过度，但只有当你承认自己造成的伤害，这件事才能被原谅。即便是简单的"我没意识到这会让你如此烦恼；我从没想过要伤害你"这样的话语，对于让你的伴侣知道自己的感受已经被听到并被认可也大有帮助。

但是，在得到原谅之前，事情并没有完全解决。学会接受道歉并相信伴侣的真诚是必要的，这样才能超越自我保护的立场，否则最终会加剧婚姻中的疏远，并使愤怒长久存在。以原谅回应伴侣应承担的责任，是重建爱和情感连接的一种神奇方法。这不仅对婚姻是一剂补药，对孩子们也一样，他们可以目睹处理冲突和失望的一种建设性的方式，而且是从一个轻松且没有冲突的家庭中受益最大的人。

为了孩子的利益

尽管我是一名婚姻治疗师，并且对人类行为很了解，但在为本书的写作做研究的过程中，我学到的一些东西令我震惊，让我更认真地审视了自己的婚姻。我想起了我和丈夫在孩子们面前的每一次争吵，想起了我在孩子们面前对丈夫的每一次发火和贬损。有几次，我甚至将孩子们夹在中间。虽然并不是所有的誓言都会被认真对待，但我确实发誓要做出改变——为了我的孩子们的利益。

如果我想让我的孩子们感到自信并为他们自己自豪，我必须努力忍住那些讽刺或不尊重他们的父亲的话语。如果我想让我的孩子们相信婚姻是安全的，我就必须注意控制自己的脾气，并在发脾气之前好好想一想。在写这本书的过程中，我意识到了我与丈夫尚未完全解决、但难以释怀并造成悲观和怨恨的几个"老"问题。过去的几个月，我们家发生了一些有趣的事情；我可以向你保证，有很多交谈是原本可能不会发生的。

但是，当我看着我的孩子们的脸庞时，我对自己冒过的风险以及当困难的问题被再次唤醒所出现的紧张时刻感觉很好。我知道我做了一些有价值的事情——不仅是为我自己以及我与丈夫的关系，也是为了我们孩子的未来。我离实现我对自己幸福婚姻的想象更近了，并希望通过加强这种情感连接，我能够给我的孩子们一些宝贵的东西——关于爱的积极经验。

问 题

1. 当你想到你的婚姻与你的父母婚姻中相似的部分时，你最看重的是什么？你希望有哪些不同？
2. 如果你能用魔法改变你的父母的关系，你会怎么做？如果这个魔法管用，你的生活会有什么不同吗？
3. 哪些问题或情形可能与过去的更大的问题有关？你知道对

你的伴侣来说这些"棘手"的问题是什么吗？

4. 当你能够保持平静时，你的伴侣有多容易平静下来？当你开始对一件事反应过度时，你的伴侣知道与你沟通的最佳方式吗？

5. 你是否有时候会感觉被那些不再能反映你是谁或你真正想要什么的旧决定所困？你最近一次和你的伴侣谈论这件事是什么时候？

6. 如果想象一下五年后你"梦想"中婚姻的样子，距离实现这个梦想还有多久？你能想到在你梦想的婚姻中经常存在的两种方式吗？如果你现在试着那么做，你的伴侣会有什么反应？

致 谢

我的同事和朋友佩吉·赫尔佐格（Peggy Herzog）邀请我做了一次演讲，启发了我写这本书的灵感。感谢她帮助我重新把注意力集中在一个我一直忽视的问题上。写一本书所花费的时间和精力是巨大的，如果没有我的丈夫莫里斯（Morris）的全力支持，以及我的孩子米切尔（Mitchell）和詹娜（Jenna）的合作，这个项目是不可能完成的。我也要向莫妮卡·波兰克（Monika Polank）表达我最真诚的感谢，当我再次在电脑前工作的时候，她把家里料理得井井有条。

虽然我已经出版过专业的书籍并发表过期刊文章，但这个项目对我来说仍是非常具有挑战性的。简·戴斯特尔（Jane Dystel）对这本书的建议非常有帮助，感谢她的耐心和持续的支持。我也非常感谢我在哈珀柯林斯的编辑盖尔·温斯顿（Gail Winston）。她是一位非常专注且很有天赋的编辑。我还要感谢我在纽约大学的秘书理查德·莱纳特（Richard Lenert），他神奇地找到了所有我找不到的研究文章，以及汤姆·梅纳汉（Tom Meenaghan）院长，他对这个项目给予了全力支持。

很多朋友都给我提供了鼓励，尤其是汉娜·福克斯（Hannah Fox）、米歇尔·萨克斯（Michelle Sacks）、艾伦·格雷奇（Alan Gratch）和洛里·罗森菲尔德（Lori Rosenfeld）。我也想感谢丹尼·杰瓦特（Denny Jewart）的贡献，多年来他的临床经验为我的工作提供了很多帮助。丹尼，第 5 章是献给你的。我还要感谢霍莉·斯塔克曼（Holly Starkman）从一个孩子的角度对这些问题做了补充。我对家人给予的支持深表感激，我还要感谢我的姐妹——雪莱·芬格胡特（Shelley Fingerhut），温迪·索科洛夫斯基（Wendy Sokolowski），尤其是黛比·纳夫托林（Debbie Naftolin），她们阅读并对初稿提出了建议。我的母亲莉莲(Lillian)和父亲格里·西格尔（Gerry Siegel）一直在鼓励我，我很感激能得到他们的爱，并成为他们的骄傲。

最后，我要感谢在过去 25 年里与我一起工作过的数以百计的父母和孩子。你们对我的触动之深超乎你们的想象。